KB214394

불의 전차

에릭 리들의 완전한 순종

에 릭 리들의
완전한 순종

박광희 지음

불의
전차

비전북

"하늘나라의
비밀을
아는 길은
오직 한 가지뿐이다.

그것은
하나님의
섭리에
완전히 순종하는
것이다!"

에릭은 아직도 살아 있습니다!

이 책의 저자인 박광희 씨는 에릭 리들이 그리스도인으로서 어떤 삶을 살았는지, 그 생애와 사역을 연구하기 위해 많은 노력을 아끼지 않았습니다. 특히 자신이 수집한 자료들을 객관적으로 평가하고 정리하기 위해 직접 사람들을 만나고 조사하는 일에도 상당한 시간을 쏟아 부었습니다. 그런 의미에서 이 책은 뜻 있는 목표를 향해 나아가고자 하는 독자들에게 특별한 격려가 될 것입니다. 그리고 그리스도인으로서 충실한 삶을 살아가는 데 있어서, 또한 예수 그리스도의 형상을 닮아가는 데 있어서 큰 도전과 위로가 될 것입니다.

에릭은 전 세계를 통틀어 가장 훌륭한 육상 선수 중의 한 사람으로 잘 알려져 있으며, 실제로 당시 영국과 유럽을 비롯한 세계 각국에서 가장 사랑받는 육상 선수이기도 했습니다. 에릭은 겸손하고 꾸밈없는 성품으로 철저하게 자기 절제를 실천했으며, 아울러 다른 사람들을 순수한 마음으로 격려했습니다. 하지만 세상이 주는 명예는 피하려고 노력했습니다.

육상 경기장에서 그의 위용은 실로 대단한 것이었습니다. 흔히 사람들은 스포츠가 에릭에게 최고의 영예를 선사했다고 얘기합니다. 하지만 스포츠가 에릭을 영광스럽게 만들었다기보다는 에릭이 스포츠를 영예롭게 했다고 표현하는 것이 더 진실에 가까울 것입니다.

에릭은 흔들리지 않는 철저한 신앙을 통해 자기 자신에게는 대단히 엄격하고, 다른 사람에게는 한없이 관대한 사람이었습니다. 그는 다른 사람들의 일과 문제들에 커다란 관심과 이해를 가졌으며, 또한 대단한 유머감각을 가지고 있었습니다. 사람들에 대한 깊은 이해심은 그의 가장 두드러진 장점이었는데, 저뿐만 아니라 모든 사람들이 그렇게 느끼고 있었고, 그렇기 때문에 누구나 그에게 주저 없이 도움을 청하곤 했습니다.

이 책으로 인해 한국의 독자들에게 하나님의 큰 축복이 함께하시기를 진심으로 바랍니다. 아마도 이 세상에서 오빠에 대해 가장 많은 것을 알고 있을 저자를 통해 여러분들은 커다란 깨달음과 감동을 선물로 받게 되리라 믿습니다.

에릭은 아직도 살아 있네.
그의 이름은 여전히 마력을 띠고 우리의 귓전을 맴돌고
그의 모범적인 삶은 또한 우리를 압도하며
그의 명성은 영원히 광채를 잃지 않으리.

제니 리들 서머빌 Jenny Liddell Somerville
에릭 리들의 여동생

에릭은 헌신적인 신앙을 가진 훌륭한 육상 선수였습니다!

저는 에든버러 대학 육상팀에서 에릭의 팀 동료 중 한 사람으로 뛰었습니다. 우리 모두는 에릭을 위대한 업적을 남긴 육상 선수로서 뿐만 아니라 헌신적인 신앙을 가진 훌륭한 그리스도인으로서 존경하고 있습니다. 하지만 에릭이 올림픽 금메달의 신화를 만들어 내고, 선교 활동을 통해 육상 역사에 있어 독보적인 위치를 점유하면서, 나아가 세계적인 선풍을 일으킨 위대한 영화의 주인공으로까지 등장하게 되리라고는 상상하지 못했습니다.

에릭 리들의 일생에 대해 더없이 자세하고 꼼꼼하게 기록한 이 책은 에릭을 기억하고 있는 전 세계 사람들이 체험한 그 신비스러운 영감을 후세 사람들에게까지 널리 공유할 수 있도록 도와줄 것이며, 또한 육상 경기에 흥미를 가지고 있는 많은 한국의 독자들에게도 잊지 못할 진한 추억을 전달하게 될 것입니다.

니얼 캠벌 Neil Campbell
에든버러 대학 시절 에릭 리들과 함께 달렸던 동료 육상 선수

어느 구멍가게에서 발견한
먼지투성이의 비디오테이프 하나

1986년 여름, 독일에서 유학 중이던 나는 방학을 이용해 영국을 찾았다. 그때 나는 버밍엄에서 얼마 떨어지지 않은 코번트리에 머물고 있었는데, 그곳에 있던 한 서점에서 영어 청취력 향상을 목적으로 세계적인 부흥사인 빌리 그레이엄Billy Graham 목사의 설교 카세트테이프를 구입하게 되었다. 그러고는 아무 생각 없이 테이프를 듣고 있는데, 설교 중에 주일을 지키기 위해 올림픽 금메달까지 포기했다는 에릭 리들의 일화가 소개되었다. 나는 설교 말씀을 들으면서 전혀 예상하지 못했던 충격적인 감동을 경험하였다.

  하지만 이 한 번의 우연은 또 한 번의 필연으로 이어졌다. 방학을 마치고 독일로 돌아온 나는 우연히 텔레비전에서 방영되는 〈불의 전차 Chariots of Fire〉라는 영화를 보게 된 것이다. 이 영화는 에릭 리들의 삶을 그린 영화로 1981년도 아카데미 시상식에서 4개 부문에 걸쳐 오스카상을 수상한 바 있는 불후의 명작이었다. 그때 나는 말할 수 없는 감격에 휩싸여 눈물을 흘렸고, 그에 관해 좀 더 알아보고 싶다는 강렬한 열망에 사로잡히게 되었다.

에릭 리들의 삶을 글로 써보고 싶다는 생각을 한 나는 내가 머물던 도시를 주변으로 모든 도서관과 서점, 그리고 선교기관을 뒤지며 에릭 리들에 관련된 정보를 알아내려고 노력했지만 일이 결코 간단치가 않았다. 그래서 생각해낸 것이 에릭 리들의 모국인 스코틀랜드의 교회와 선교단체 앞으로 편지를 보내는 것이었다. 결과는 기대 이상이었다. 에든 버러의 YMCA에서 답장과 함께 《날아가는 스코틀랜드인The Flying Scotsman》이라는 책 한 권을 보내주었는데, 이 책은 1981년 영국 BBC 방송의 여성 저널리스트 샐리 메그너슨Sally Magnusson이 쓴 것으로 영화 제작 당시의 다양한 이야기들이 정리되어 있었다.

이 책을 여러 번 반복해서 읽은 나는 더 지체할 수가 없어 아내와 함께 다시 영국으로 건너갔다. 그때 아내는 임신 중이었기 때문에 취재에 동행할 수가 없어 나 혼자 버밍엄에 도착하여 도서관이며 서점, 그리고 선교기관들을 찾아 헤매기 시작했다. 그러던 어느 날 버밍엄 대학 도서관에 영국육상연맹의 자료보관실이 있다는 사실을 알아내고는 부리나케 달려갔다. 그런데 자료보관실 책임자가 나를 빤히 쳐다보더니 '어떻게 이곳에 영국육상연맹의 자료보관실이 있는 줄 알았느냐?'며 의아해 했다. 영국육상연맹의 자료보관실은 영국 내에서도 단 한 곳, 버밍엄 대학에만 있었던 것이다. 우연이나 행운이라고 하기엔 너무도 구체적인 하나님의 도우심을 경험하는 순간이었다. 더욱이 자료보관실 책임자인 존 브롬헤드John Bromhead 씨는 나처럼 에릭 리들에게 매료되어 혼자 취재를 다니면서 녹취한 자료들을 가지고 있었는데, 이런 귀중한 자료들을 내게 보여주었다. 결국 나는 그의 도움으로 에릭 리들과 관련된 사람들의 연락처와 주소를 알 수 있었고, 이들에게 일일이 도움을 요청하는 편지를 보낼 수 있었다. 놀랍게도 이들은 하나같이 진지하고 정성스럽게 답장을 보내왔다.

자료를 찾는 동시에 다른 한편으로는 영화 〈불의 전차〉의 비디오테이프를 구하기 위해 버밍엄 시내에 있는 비디오 상점들을 모두 찾아다녔지만 도저히 구할 수가 없었다. 영화가 상영된 지 벌써 5, 6년이 지난 뒤였기 때문에 이를 가지고 있는 상점이 없었던 것이다. 그래서 하루는 새벽 일찍 런던에서 가장 큰 비디오 상점을 찾아갔지만 그곳에서도 구할 수가 없어 포기하는 심정으로 돌아오다가 여기저기 기웃거리는 바람에 그만 길을 잃고 말았다. 그래서 내가 있는 곳이 어딘지 몰라 헤매고 있는데, 바로 눈앞에 작은 비디오 상점 하나가 나타났다. 식품을 주로 파는 작은 구멍가게였고 너무 초라해 보여서 그냥 지나칠까 하다가 아무 기대도 없이 혹시나 하는 마음으로 '〈불의 전차〉가 있느냐'고 물었다. 그런데 주인은 잠시만 기다려보라고 하더니 조금 뒤 먼지가 뽀얗게 쌓인 비디오테이프 하나를 가지고 나오는 게 아닌가. 런던의 가장 큰 상점에서도 살 수 없었던 것을 이렇게 기막히게 찾아내다니, 나는 이 책에 대한 하나님의 기대가 어떤 것인지 다시 한 번 확인할 수 있었다.

이후 아내와 함께 스코틀랜드로 건너가 에릭 리들의 여동생인 제니 서머빌 부인을 비롯해서 에릭 리들에 관해 알고 있는 여러 사람들을 직접 만나 인터뷰를 하게 되었다. 그곳에서 만났던 모든 사람들은 한결같이 따뜻하게 나와 아내를 맞아 주었고, 동양에서 온 젊은 유학생 부부의 이 신기하고 기특한 작업에 대해 격려와 칭찬을 아끼지 않았다. 우리는 늘 기쁜 마음으로 그들을 만나 참으로 많은 이야기를 나누었다. 그런 과정을 통해 에릭 리들의 아름다운 삶과 그의 인격에 대해 더 깊이 알게 되었다. 이렇게 하나님의 특별한 도우심으로 얻게 된 자료와 인터뷰 내용을 가지고 우리는 독일로 돌아왔다. 그리고 어느 정도 자료가 모아지자 나는 본격적으로 에릭 리들에 관한 이야기를 쓰기 시작했다.

이듬해 독일 유학을 마치고 다시 영국으로 건너가 영어-독어 간 전문 번역학 석사학위를 취득한 후 한국으로 돌아올 때 내 가방에는 에릭 리들에 관한 자료와 원고가 가득했다. 어쩌면 유학 생활을 통해 나는 세상 학문에 대한 공부보다 더 애틋한 마음을 가지고 이 원고에 매달렸는지도 모른다. 내 생애 그토록 간절하고 기쁜 마음으로 한 가지 일에 몰두해 본 적이 없었던 것 같다. 얼마 뒤 이 원고는 아는 목사님을 통해 지방에 있는 한 작은 기독교 출판사에서 책으로 만들어졌다. 그런데 너무 의욕이 앞선 나머지 방대한 자료들을 빠짐없이 싣는 바람에 두툼한 논문집 같은 책이 되고 말았다. 그로부터 정확히 20년의 세월이 흘렀다. 그동안 나는 사업에 몰두하면서도 틈틈이 영어 교육에 관한 여러 권의 책을 펴냈고, 그 중에는 지금까지 베스트셀러 목록에 올라 있는 책도 있다.

하지만 유학 시절 혼신의 힘을 다해 썼던 원고를 새롭게 정리해서 에릭 리들에 대한 제대로 된 책을 만들어야 한다는 생각은 숙명처럼 끈질기게 나를 따라다니고 있었다. 그러다가 마침내 이렇게 잘 다듬어진 새 책을 펴내게 되었으니 그 기쁜 마음이야 어찌 말로 다 할 수 있겠는가. 어찌 보면 이 책은 20년 전보다 오히려 지금 우리에게 더욱 절실히 필요한 책인지도 모른다. 생활 수준이 높아지고, 교인들의 수가 증가하고, 교회의 역량과 규모가 크게 성장했지만 우리 모두는 포식 뒤에 허기를 느끼듯 깊은 영적 갈증과 빈곤을 느끼고 있다. 이미 우리는 스스로를 잘 알고 있다. 하나님을 목숨보다 더 사랑하고, 하나님께 완전히 순종하는 믿음의 기초와 신앙의 본질로부터 우리가 너무 멀리 벗어나 있다는 것을.

내가 쓴 이 책이 자신의 전기임을 안다면 아마도 깜짝 놀라며 출판을 반대할 사람은 바로 에릭 리들 자신일 것이다. 그는 평생 자기 신앙을 남에게 강요하지 않았고, 오직 행동으로 실천한 사람이었다. 그가 중국 웨이신 수용소에서 사망한 후 장례식장에서 올림픽 금메달리스트로 활약했던 그의 화려한 경력이 스피커를 통해 흘러나왔을 때에야 수용소 내의 많은 사람들은 비로소 그 사실을 처음 알았을 정도로 그는 누구에게도 자신이 올림픽 영웅이라는 것을 자랑하지 않았고, 오직 자신에게 맡겨진 일에만 묵묵히 순종했던 사람이었다.

그는 이제까지 지구상에 살았던 사람들 중에서 가장 겸손한 사람이라는 평을 들은 사람이었으며, 인생의 클라이맥스에서 제일 먼저 하나님의 뜻과 하나님의 영광을 생각한 사람이었고, 차디찬 수용소 병동에 누워 세상을 떠나면서도 마지막 기력을 다해 "완전한 순종"이라는 말을 남긴 사람이었다.

20년 전, 영국 유학 중에 내가 공부하던 것과 전혀 상관없는 에릭 리들을 만나게 하시고, 미친 듯이 내 소중한 돈과 시간을 투자해서 그에 관한 취재를 하게 하시고, 드디어 20년 만에 이런 귀한 책을 펴내게 하신 하나님의 뜻은 무엇일까. 하나님은 이 책을 통해 과연 우리에게 무슨 말씀을 하시려는 것일까.

"하나님 감사합니다. 오직 하나님께만 순종하겠습니다!"

2007년 11월 15일 저자 박광희

차 례

1 세계에서 가장 빠른 남자

4 완전한 순종

1

파리 올림픽경기대회 400미터 결승전에서 우승하는 에릭 리들(맨 왼쪽). 이날의 승리로 그는 '조국을 버린 배신자'에서
일약 '조국의 명예를 드높인 영웅'으로 바뀌었다.

세계에서 가장 빠른 남자

1

에릭처럼 천부적인 재능을 가진 사람들 중

백 사람이면 아흔아홉 명은 자만심과 교만함으로 가득 차 있을 것이다.

그런데 여기 그 백 번째 사람이 있다.

그는 찬사를 싫어하고, 대중의 인기를 항상 피해 다녔다.

하지만 어느 누구보다 그는 이 두 가지를 다 누릴 자격이 있는 사람이다.

늘 자신의 생각이 분명했으며,

동료들의 신앙에 도움이 되는 일이라면 언제 어디서든

자신의 은밀한 부분조차 거리낌이나 과장됨 없이 솔직하게 말하곤 했다.

학교와 조국, 그리고 궁극적으로는 하나님의 영광을 위해

어떠한 도전도 기쁨으로 맞이했으며,

마침내는 조용히, 그러나 불굴의 투혼을 발휘하여

그 도전들을 승리로 장식했다.

그라운드의 기사였던 에릭 리들, 우리 모두는 그를 좋아한다.

1923년 12월, 에든버러 대학신문 〈더 스튜던트 The Student〉 중에서

누구도 의심치 않았던
파리 올림픽 100미터 금메달

제1차 세계대전이 끝나고

모처럼 평화가 찾아온 1920년대, 올림픽은 전 세계인이 함께 즐길 수 있는 특별한 축제로 자리를 잡았다. 파리 올림픽경기대회가 열리게 될 1924년이 다가오면서 영국 사람들의 관심은 과연 누가 올림픽의 꽃인 육상 100미터 경기에 '그레이트브리튼 Great Britain'을 대표해서 출전하여 조국에 금메달을 안겨 줄 것인가에 모아졌다.

당시 영국의 정식 명칭은 지금과 같은 '그레이트브리튼 북아일랜드 연합왕국 United Kingdom of Great Britain and Northern Ireland'으로 잉글랜드, 스코틀랜드, 북아일랜드와 웨일스가 합쳐진 연합 국가였다. 따라서 어느 나라의 어떤 선수가 영국이라는 국가를 대표해 올림픽에 출전할 것인지에 대해 각 나라 국민들은 비상한 관심을 가질 수밖에 없었다.

에릭은 그때까지 스코틀랜드 내에서는 타의 추종을 불허하는 독보적인 선수였지만, 런던의 육상 트랙에는 한 번도 서 본 적이 없었다. 따라서 잉글랜드 사람들에게 에릭은 명성만 알려져 있을 뿐, 진짜 실력은 베일에 싸여진 여러 후보 선수 가운데 하나였다. 게다가 에릭이 스코틀랜드에서 세운 기록은 '그레이트브리튼'이라는 이름 아래 출전하는 영국 올림픽 육상팀의 절대적 유망주의 기록으로 보기에는 다소 미흡했다.

스코틀랜드의 한 일간지는 '런던에서 펼쳐질 영국육상선수권대회에 에릭을 출전시키는 것은 기차 요금 5파운드만 낭비하는 것'이라는 신랄한 비판을 담은 기사를 싣기도 했다.

이런 일부의 비난에도 불구하고 1923년 7월 17일 토요일, 에릭은 런던의 스탬포드 브리지Stamford Bridge 경기장에서 거행된 영국육상선수권대회에 스코틀랜드 대표로 참가했다. 에릭에게 사람들의 비난이나 공격은 걸림돌이 되지 않았다. 그에게는 할 수 있다는 격려를 주시는 하나님의 마음이 함께할 뿐이었다.

화창한 날씨 속에 모여든 관중들은 경기 시작 전부터 뜨거운 열기를 내뿜고 있었다. 수많은 영국인들이 대회를 지켜보는 가운데, 에릭은 220야드* 경기에서 우승한 것을 비롯해서, 100야드 경주에서도 '9초 7'이라는 영국 신기록을 수립하며 우승하는 진면목을 과시하며 사람들의 관심을 집중시켰다.

이날 대회에서 에릭이 세운 '9초 7'이라는 기록은 그 후 1958년 피터 레드포드Peter Radford가 '9초 6'으로 새로운 기록을 세울 때까지 무려 35년 동안이나 깨지지 않았던 영국 육상 역사에 길이 남을 엄청난 기록이었다.

대회 마지막 날 에릭은 영국 최고 선수에게 수여되는 하비컵을 수상했으며, 영국 올림픽 대표팀에 합류하는 영예를 안았다.

이 같은 에릭의 눈부신 성적은 이제까지 그에게 쏟아졌던 모든 비난을 일축시키기에 충분한 것이었지만 이것은 앞으로 펼쳐질 놀라운 사건들을 예고하는 전초전에 불과했다.

바로 그 다음 주 '스터욱 온 트랜트Stoke on Trent'에서 거행된 잉글랜드, 스코틀랜드, 그리고 아일랜드 간의 3개국 친선경기는 에릭을 영국 올림픽 육상팀의 가장 유력한 금메달 후보로 부각시키는 데 결정적인 계기가 되었다.

스코틀랜드 대표로 출전한 에릭은 이 대회에서 100야드, 220야드, 그리고 440야드를 모두 석권하는 기염을 토했다. 그 중 에릭의 440야드 경주에서의 믿기지 않는 승리는 길이길이 영국 육상 역사의 한 장을 장식할 만한 놀라운 것이었다.

yard : 영국 고유의 도량형 단위로 길이를 잴 때 사용하며 1야드는 91.44센티미터에 해당한다

440야드 출발 신호가 울리자 함께 출선한 선수들은 필사적으로 안쪽 트랙을 파고들었다. 당시만 해도 트랙을 따로 정해 놓고 경기를 펼치는 것이 아니었기 때문에 유리한 안쪽 트랙을 먼저 차지하는 것이 승리의 관건이었다. 하지만 출발하자마자, 트랙을 놓고 몸싸움이 시작될 무렵 에릭은 잉글랜드의 길리스J.J.Gillies 선수에 밀려 트랙의 잔디밭 안으로 나뒹굴고 말았다. 관중석은 일순간 물을 끼얹은 듯 잠잠해졌다.

쓰러지면서 에릭은 멍하니 하늘을 바라보았다.

'아, 이제 끝났구나. 다시 일어나 뛰어봤자 우승은 어림도 없어!'

누구보다 낙천적이고 희망적인 에릭이었지만 경기 시작과 함께 넘어지면서 모든 의욕을 상실하고 말았다. 이내 경기를 포기하려는 순간 뜻밖에도 사람들의 목소리가 들려왔다.

"일어나, 에릭! 일어나 어서 뛰라구!"

누가 먼저 시작했는지 모르지만 사람들은 하나둘 에릭을 향해 이렇게 외치고 있었다. 그리고 이 웅성거림은 주변 사람들과 심판, 임원들에게까지 이어졌다.

"일어나, 에릭! 포기하지 마!"

에릭은 이 소리에 이끌려 벌떡 일어났다. 앞서 뛰어가는 선수들은 얼핏 봐도 20야드 이상 멀리 떨어져 있었지만, 에릭은 자신도 모르는 어떤 힘에 이끌려 다시 뛰기 시작했다. 관중들은 모두가 일어서서 우레 같은 함성을 질러댔다. 바로 그때 에릭의 특이한 폼이 나오기 시작했다. 머리를 서서히 뒤로 젖히고 양팔을 휘저으며 점점 더 빠르게 속력을 냈다. 누가 봐도 불가능해 보이는 경기였지만 에릭은 차츰 앞서가던 선수들과 거리를 좁히더니, 선두를 달리던 길리스와 10야드 거리로 좁히며 4위로 달리기 시작했다. 결승점이 40야드 남았을 때, 에릭은 3위로 달리고 있었고 사람들은 흥분의 도가니에 빠져들었다.

"에릭, 달려! 조금만 더!"

하지만 우스꽝스런 자세로 기진맥진 뛰어가는 에릭의 모습은 결코 승리와는 가까워 보이지 않았다. 그러나 마침내 사람의 눈을 의심할 만한 일이 벌어지고 말았다. 에릭의 머리가 하늘을 향해 점점 뒤로 젖혀지더니, 초인적인 투혼을 발휘하여 길리스를 제치고 '51초 2'라는 기록으로 결승 테이프를 끊은 것이다.

순간 경기장 여기저기서 탄성과 눈물, 그리고 뜨거운 박수가 이어졌다.

결승점을 통과하자마자 에릭은 잔디 위에 그대로 쓰러졌다. 자신이 승리했는지 조차 확인하지 못한 채 의식을 잃어버린 에릭을 향해 관중들은 끝없이 갈채를 보냈다. 잠시 후 들것에 실려 에릭이 경기장을 떠날 때, 운집한 모든 관중들은 일제히 자리에서 일어나 아낌없는 격려를 보내며 눈시울을 붉혔다.

결코 이길 수 없을 것 같았던 경주에서 면류관을 쓴 기적과 같은 달음질. 그것은 확실히 사람의 능력이 아니었다. 그 누구에게도 없었던 기억, 그 누구도 예상하지 못했던 경기, 그것이 바로 그날 경기장에서 펼쳐진 것이다. 어쩌면 에릭이 이뤄낸 이 기적과 같은 결과는 '기적과 현실'의 경계를 허무는 하나님의 역사하심일 것이다.

다음날 스코틀랜드 최대 일간지인 〈더 스코츠맨 The Scotsman〉에는 다음과 같은 기사가 실렸다.

「에릭의 440야드 경주 승리는 기적과 현실 사이를 구분 짓는 경계선상의 놀라운 위업이었다. 경기를 관람한 노년의 육상선수들은 자신들의 육상 트랙에서의 기억을 35년 전, 혹은 그보다 더 이전으로 더듬었지만 결코 어떤 경기와도 비교할 수 없는 가장 인상적이고 훌륭한 경기였다고 극찬했다.」

이날 대회를 통해 에릭은 곧 다가올 파리 올림픽 100미터 경기에서 영국에게 금메달을 안겨 줄 최고의 유망주로 떠오르게 되었다. 그는 스코틀랜드의 영웅이며 영국의 희망이었다.

청천벽력 같은 한 마디,
"저는 주일에는 달리지 않습니다!"

스코틀랜드와 잉글랜드,

그리고 아일랜드에서 온 선수들이 한데 모여 선발 대회를 치른 결과, 에릭은 당당히 영국을 대표하는 육상 선수로 올림픽 출전 자격을 얻게 되었다.

　　제8회 파리 올림픽경기대회에서 에릭이 뛰게 될 종목은 모두 네 가지였는데, 주 종목이었던 100미터와 200미터 경기, 그리고 400미터와 1600미터 릴레이 경기였다.

드디어 1924년 초, 파리 올림픽 경기 일정이 발표됐다. 스코틀랜드 국민뿐만 아니라 영국의 임원과 경기 관계자들은 각 출전 선수들의 경기 일정을 꼼꼼하게 확인했다. 에릭 역시 다른 선수들처럼 떨리고 흥분된 마음으로 올림픽의 모든 경기 일정들을 세심하게 살펴보기 시작했다. 그런데 놀랍게도 100미터와 400미터 허들, 1600미터 릴레이 예선 경기가 모두 일요일에 잡혀져 있는 것이었다.

물론 대수롭지 않게 볼 수도 있는 상황이었지만 이 일은 에릭 리들의 새로운 신화를 만들어 내는 중요한 계기가 된다. 어린 시절부터 선교사였던 부모님의 가르침 속에 성장한 에릭은 믿음의 삶이 무엇인지를 철저하게 배웠다. 또한 주일을 온전히 하나님께 드려야 한다는 자신만의 신념을 가지고 있었다. 그 신념은 아주 오랜 시간 변함없이 지켜져 왔으며 올림픽 출전을 준비하면서도, 이런 자신의 입장을 영국육상연맹 측에 계속 알려왔었다.

에릭은 경기 일정표를 확인하자마자 단호한 모습으로 자신의 결정을 이야기했다.

"저는 주일에는 달리지 않습니다!"

어떤 경기든 주일에 열리는 시합에는 결코 출전할 수 없다는, 단 한 번의 흔들림이나 망설임도 없이 내려진 이와 같은 에릭의 결정은 즉각 영국육상연맹에 통보되었다. 영국육상연맹이 발칵 뒤집힌 것은 두말할 필요도 없는 일이었다. 평소 에릭의 깊은 신앙과 신념을 잘 알고 있는 연맹 임원들이었지만 국가 최고의 명예가 걸린 올림픽에서 에릭이 그런 결정을 내리리라고는 미처 생각지 못했던 것이다. 영국육상연맹은 가장 유력한 금메달 후보였던 에릭의 출전 포기 사실이 혹시 외부에 알려질까 봐 전전긍긍할 뿐이었다.

에릭이 이런 결정을 내리기까지에는 그 어떤 고민도 필요 없었고, 또 타협의 여지도 없었다. 에릭에게 있어 주일을 거룩히 지키는 것은 매일 밥을 먹고 숨을 쉬는 것과 같이 너무나도 당연한 것이었고 소중한 것이었다. 주일은 내 소유가 아니라 하나님의 날이었다. 하나님의 날을 그 어느 것과도 바꿀 수 없었다. 설령 조국의 금메달이 걸린 경기라고 해도 그의 믿음을 흔들 수는 없었다.

영화 〈불의 전차〉*나 그 밖의 여러 글에서 소개되고 있는 것처럼 에릭이 파리 올림픽 100미터 예선 경기에 나가지 않기로 결정한 것은 오랜 고민 끝에 나온 '극적인 최후의 결정'이 결코 아니었다. 너무도 오래전부터 마음속에 가져왔던 결단이었고, 처음부터 고민의 여지가 없었던 그만의 확고한 신념이었다.

이에 관해 동료 육상 선수이자 에든버러 대학 화학과 교수였던 니얼 캠벌 Neil Campbell 은 당시를 다음과 같이 회상했다.

"에릭의 그 결정은 너무나도 조용하게 내려진 것이었습니다. 에릭은 이런 문제로 법석을 떨거나, 혹은 사람들의 눈치를 살피는 따위의 사람이 절대 아니었습니다. 그가 올림픽 100미터 경기 출전

Chariots of Fire : 에릭 리들의 실화를 바탕으로 1981년 휴 허드슨 감독이 만든 영국 영화로 그해 아카데미 시상식에서 작품상, 각본상, 음악상, 의상상 등 4개 부문에 걸쳐 오스카상을 받은 명작이며 스포츠 영화의 고전이다

포기에 관해 이야기한 유일한 말은 정말 단 한 마디뿐이었습니다. '저는 주일에는 달리지 않습니다.'라는 말이죠. 당시 저나 우리 동료들이 깊은 감명을 받은 것도 어떠한 긴 변명이나 설명 없이 단호하게 말하는 에릭의 신속한 결정 때문이었습니다. 이렇게 많은 세월이 지난 지금, 우리는 에릭의 결정이 옳았다는 것을 또 한 번 확인할 수 있지 않습니까?"

주일에 뛰지 않겠다는 에릭의 결정에 대해 비기독교인 뿐 아니라 많은 기독교인들도 궁금증을 가졌다. 그러나 당시 에릭의 가족들과 친구들은 그의 이런 결정을 조금의 의문도 없이 받아들였다. 왜냐하면 에릭에게 있어 그런 결정은 너무도 당연한 것이었기 때문이다. 이 일은 '하나님을 향한 완전한 순종의 삶'의 한 실천에 불과한, 어쩌면 에릭에게 있어서 늘 있을 수 있는 그저 평범한 일이었던 것이다. 거기에는 세상 사람들이 얘기하는 것과 같은 약간의 소란도 없었다. 그의 결정은 이렇게 조용히, 그러나 강력하게 내려졌다.

하루아침에 조국을 버린
배신자가 되다

에릭이 파리 올림픽경기대회

100미터 예선 경기 출전을 포기했다는 소식이 알려지자 스코틀랜드와 영국 국민들은 커다란 충격에 휩싸였다. 올림픽 금메달을 통해 대영제국의 위대한 영광을 다시 한 번 드높여 주기를 바랐던 많은 영국인들은 믿는 도끼에 발등을 찍힌 기분을 맛보게 된 것이다. 그의 뛰어난 기량과 인품에 찬사를 아끼지 않던 사람들조차 주일에는 달리지 않겠다는 그의 결정에 대해 조국을 버린 배신자라며 맹렬히 비난하기 시작했다.

"에릭은 신앙을 핑계로 자신의 조국을 버린 것입니다. 그의 신앙은 편협하고 옹졸하기까지 합니다."

"저 역시 하나님을 믿고 있지만 주일이기 때문에 경기를 하지 않는다는 것은 핑계라고 생각합니다. 그렇다면 그날 그 경기에 참가하는 다른 크리스천들은 믿음을 버린 것입니까?"

사람들은 에릭의 신앙에 의심을 품었고 그를 배신자로 몰아세웠다. 그리고 계속해서 그가 마음을 바꿔 경기에 다시 출전할 것을 요구했다. 언론도 마찬가지였다. 많은 신문 지면에서는 에릭을 향해 '신앙을 소매 끝에 달고 다니는 신앙심이 깊은 척하는 위선자', 혹은 '조국의 명예를 져버린 위선자'라는 비난을 쏟아 부었다.

믿음 안에서 이루어진 당연한 결정이었지만 사랑하는 조국의 국민들로부터 받는 냉소와 비난은 그가 예상했던 것보다 훨씬 더 크고 참기 어려운 고통이었다. 그러나 그는 자신을 향해 야유를 보내는 사람들의 소리에 조용히 귀를 막았고, 단 한 번도 자기 속마음을 겉으로 드러내지 않았다. 왜냐하면 그의 마음 가장 깊은 곳에 자리하고 있는 것은 그가 사랑했던 친구나 이웃, 혹은 사랑하는 조국 스코틀랜드보다 더욱 소중한 것이었기 때문이다.

물론, 올림픽 100미터 경기에 당당하게 출전해 금메달을 획득함으로써 하나님께 영광을 돌리는 것도 가능한 일이었다. 이것 역시 하나님을 경배하고 찬양하는 방법 중 하나라고 말할 수 있다. 아니 어쩌면 대다수의 사람들은 이런 방법을 더 매력적으로 여기고 있을 것이다. 그러나 에릭 리들은 그렇게 하지 않았다. 그가 그토록 소중히 여기던 하나님의 안식일을 어겨가면서까지 금메달을 따서 그것으로 하나님께 영광을 돌리는 것은 일종의 사탄과의 타협이라고 느꼈다. 그리고 이런 과정을 오히려 위선적인 신앙이라고 생각하고 있었다. 그에게는 오직 한 가지 생각뿐이었다.

'하나님의 섭리에 완전히 순종하는 것'
더 이상의 판단 기준은 필요하지 않았다.

그때 만약 에릭이 올림픽 100미터 경기에 나가 멋지게 금메달을 획득하고 나서 눈물을 흘리며 '이 모든 영광을 하나님께 돌립니다! 하나님께서 저를 달리게 하셨습니다!'라고 인터뷰하는, 어찌 보면 보다 감동적이고 드라마틱한 길을 선택했더라면 지금쯤 우리는 그를 어떻게 기억하고 있을까?

그랬다면 영화 〈불의 전차〉도 만들어지지 않았을 것이고, 그의 일생에 관한 수많은 전기와 글들도 쓰이지 않았을 것이다. 사람들은 그를 믿음을 위해 금메달을 포기한 위대한 신앙인으로 기억하기보다는 올림픽에서 금메달을 목에 걸었던 훌륭한 육상 선수로만 기억했을 것이다. 그리고 이런 기억은 그와 함께 살았던 당대 사람들의 퇴장과 더불어 조용히 사라져 갔을 것이다.

에릭의 폭탄선언은 오매불망 그에게 올림픽 금메달의 기대를 걸었던 스코틀랜드와 전 영국 국민들을 당혹시켰고, 혹자에게는 배신 감마저 갖게 했지만 주위 동료들, 특히 에릭과 함께 육상을 하던 많은 동료 선수들은 에릭의 결정을 지지했을 뿐 아니라, 평안함과 단호함 속에서 자신의 결정을 통보하는 그를 커다란 귀감으로 삼았다.

에릭의 이런 단호한 결정은 많은 스포츠인들에게 도전과 용기를 가져다주었다. 스코틀랜드 릴레이팀 동료였던 톰 리들Tom Riddell 은 몇 년 후 에릭 리들의 본을 따라 일요일 아침, 이탈리아에서 거행된 국제육상경기대회의 출전을 거부하게 된다. 1925년부터 1935년까지 여덟 번이나 1마일* 경주에서 우승한 바 있는 톰 리들은 당시 스코틀랜드를 대표할 만한 쟁쟁한 육상 선수 중 한 사람이었다. 그런 그가 일요일에 거행되는 경기에 출전을 거부한 것은 다름 아닌 에릭 리들 때문이었다.

톰 리들은 나를 만난 자리에서도 이런 사실을 거듭 강조하며 기억을 더듬어 에릭 리들에 대해 이렇게 이야기했다.

"에릭 리들이 주일 경기 출전을 거부했던 것은 그저 자신의 개인적 신앙 때문만은 아니었습니다. 이것은 모두가 배우고 따라가야할 진정한 그리스도인의 모습이었습니다. 저 역시 그의 삶을 사랑했고 그래서 그의 본을 따르기 위해 일요일 경기에 불참하겠다고 말한 것입니다. 에릭이 파리 올림픽 100미터 경기 출전을 거부했을 때 저는 참으로 큰 감명을 받았습니다. 그리고 거기서 그리스도인의 진정한 모습을 발견할 수 있었습니다. 조금도 의심할 여지가 없이 에릭

mile : 로마 시대에 사용된 행군한 거리를 나타내는 기호에서
유래한 것으로 1마일은 1.609킬로미터에 해당한다

리들은 모범적 스포츠 정신을 보여주었고 그 영향력은 값으로 따질 수 없는 것입니다. 에릭 리들은 스코틀랜드가 배출한 가장 위대한 스포츠인이었습니다."

아무도 예상하지 못했던
400미터 금메달

에릭의 100미터 경기 불참 결정이

그 어느 것에 의해서도 번복되어질 수 없는 것임을 확인한 영국올림
픽위원회는 파리올림픽준비위원회와 접촉을 갖고 경기 일정을 변
경해 줄 것을 요청했다. 하지만 그것은 사실상 불가능한 일이었다.

이렇게 해서 에릭의 100미터 경기 불참은 공식화 되었다. 에릭
은 파리 올림픽경기대회에서 단지 200미터 경기에만 출전할 예정
이었다. 하지만 1923년 '스터욱 온 트랜트'에서 벌어졌던 에릭의
기적 같은 440야드 경기 우승을 기억하고 있던 많은 사람들은, 어차

피 그럴 바에야 일요일에 경기가 열리지 않는 400미터 경주에 한번 출전해 볼 것을 에릭에게 권유했으며, 이 제안은 영국올림픽위원회에 의해서도 흔쾌히 받아들여졌다.

그동안 종종 440야드 경주에 참가하여 몇 차례 우승을 거둔 적은 있지만, 에릭은 그때까지 440야드 경주에 대비한 훈련을 체계적으로 해본 일이 없었다. 뜻하지 않게 400미터 경기에 출전하게 된 에릭에게 주어진 훈련 기간은 겨우 여섯 달 정도뿐이었다.

400미터 경주에서 영국인들의 기대를 한 몸에 받고 있던 선수는 1920년 벨기에의 앤트 워프에서 열린 제7회 올림픽경기대회에 출전해 400미터에서 은메달을 획득한 가이 버틀러Guy Butler였다. 그런데 불행하게도 올림픽 개막을 얼마 남겨 놓지 않고 연습 중 다리에 부상을 당함으로써, 가이 버틀러는 출발선에서 뻣뻣이 서서 출발해야 하는 불리한 상황이었다. 그럼에도 불구하고 가이 버틀러는 400미터 경기에서 영국의 유일한 희망이었다.

에릭은 100미터 경기에서는 모든 사람의 관심과 기대를 한 몸에 받는 총아였지만, 400미터 경기에서는 단지 들러리에 불과했으며, 올림픽 정신처럼 참가하는 데 의의를 두는 정도였다.

에릭이 100미터 경기 출전을 포기하면서 영국인들의 관심과 기대는 자연스럽게 케임브리지 키즈 컬리지Caius College의 법학도였던 헤롤드 에이브라함즈Harold Abrahams에게로 향했다. 그는 집념의 독일계 유대인으로 당시 잉글랜드 신기록 보유자였다. 헤롤드의 최종적 목표는 100미터 올림픽 금메달이었다. 에릭의 출전 포기로 이제

100미터 경기에 혼자 출전하게 된 헤롤드는 조국에 값진 금메달을 선물하기 위해 최선을 다했다.

뜨거운 태양이 작열하는 1924년 7월 5일 토요일, 약 6만 명의 관중이 모인 가운데 제8회 올림픽경기대회가 파리의 콜롬브스 경기장Colombes Stadium에서 그 우렁찬 팡파르를 울렸다. 올림픽기가 계양되어 하늘 높이 펄럭이는 가운데 프랑스 대통령의 올림픽 개회사와 함께 축포가 터졌다. 수천 마리의 흰 비둘기들이 평화의 날갯짓을 하며 푸른 하늘을 수놓았고, 경기장에 모인 관중들은 일제히 환호와 갈채를 보냈다.

로열박스에는 영국 황태자를 비롯하여 스웨덴, 루마니아의 황태자와 수많은 귀빈들이 참석하였다. 근대 올림픽을 부활시키는 데 결정적인 공헌을 한 쿠베르탱 남작도 프랑스 대통령 옆에 나란히 앉아서 감회 어린 눈으로 선수들의 입장을 지켜보고 있었다.

1924년 제8회 파리 올림픽경기대회는 많은 스타를 배출한 올림픽이기도 했다. 그 가운데는 영화 〈타잔〉을 통해 유명해진 수영 3관왕 조니 와이스뮬러Johnny Weissmüller와, '인간 기관차' 라 불리며 거의 모든 장거리 경주를 석권한 '하늘을 나는 핀란드인' 파보 누르미Paavo Nurmi 등이 있었다.

100미터 예선은 개막식 바로 다음 날 진행되었는데 헤롤드는 두 차례의 예선 경기를 무난하게 통과했다. 헤롤드가 예선 경기를 치르고 있던 일요일 오후, 에릭은 파리 시내에서 조금 떨어진 한 교회에서 연설을 하고 있었다. 에릭은 그날 경기장에 나가 동료 선수들을 격려하는 시간을 갖지 않고, 평소에 하던 것처럼 주일을 온전히 하나님의 교회를 위해, 그리고 성도들을 위해서 보냈다.

1924년 7월 7일 월요일, 에릭은 100미터 경기 결승전에 진출한 헤롤드를 격려하기 위해 경기장으로 향했다. 헤롤드는 그날 오후, 당시로서는 세련된 기술 중 하나였던 '드롭 피니쉬'*로 '10초 6'의 기록을 달성하며 승리하였다. 에릭의 강력한 라이벌이었던 헤롤드는 에릭이 불참한 경기에서 그가 그토록 바라던 올림픽 금메달을 손에 쥐게 된 것이다.

헤롤드의 승리를 지켜본 에릭은 다른 어떤 사람보다 큰 감회에 젖어들었다. 헤롤드가 금메달을 목에 거는 모습을 뿌듯한 마음으로 지켜봤으며, 영국이 그다지도 기대했던 금메달을 자신의 불참에도 불구하고 동료인 헤롤드가 따낸 것에 안심하며 진심으로 함께 기뻐했다.

주위의 친구나 동료들은 "에릭, 기분이 어때?"하고 그에게 짓궂은 질문을 하기도 했지만, 에릭은 밝은 웃음으로 헤롤드의 쾌거를 축하해 주었다. 에릭은 자신의 결정에 대해 어떠한 후회나 미련도 없었다. 그는 다만 자신의 결정으로 마음을 다친 이들을 위로하시고, 합력하여 선을 이루시는 하나님만을 가슴 깊이 느낄 뿐이었다.

3일 뒤 200미터 결승전 출발선 위에는 에릭과 헤롤드 그리고 네 명의 가공할 만한 미국 선수들이 포진해 있었다. 신호가 터지자

drop finish : 머리를 들고 가슴을
쑥 내밀며 결승점을 통과하는 것

미국 선수들은 무서운 속도로 출발선을 박차고 나갔다. 결승 테이프를 제일 먼저 통과한 선수는 미국의 잭슨 숄즈Jackson Scholz였고, 에릭은 동메달을 획득했다. 200미터 종목에서 스코틀랜드인으로서는 최초로 메달을 획득한 것이었다. 동메달을 거머쥔 에릭의 쾌거는 결코 과소평가될 수 없는 것이었으며, 100미터 경기 출전 포기에 대한 수많은 비난을 잠재우기에 충분했다.

그런데 다음 경기에서 또 한 번 신비로운 이변이 생겨났다. 그것은 바로 이틀 후에 거행된 400미터 결승전 경기에서였다.

1924년 파리 올림픽경기대회의 400미터 경주는 결승전을 치르기도 전에 이미 두 개의 세계 신기록이 수립된 아주 치열하고 흥미진진한 경기였다. 이미 1차 예선 경기에서 스위스의 임바흐Imbach 선수가 48초라는 놀라운 기록으로 세계 신기록을 수립했는데, 이튿날이 기록은 다시 가장 유력한 우승 후보였던 미국의 호레이셔우 피치Haratio M. Fitch에 의해 깨지고야 말았다. 피치는 47초 8의 경이적인 기록으로 준결승을 통과했기 때문에 그날 저녁에 있을 400미터 결승전은 피치의 독무대가 될 것이라고 많은 사람들은 예상했다.

1차 예선에서 에릭은 평범한 기록을 세우며 조 1위로 예선을 통과했다. 그리고 2차 예선에서는 조 2위로 준결승에 진출했다. 준결승에서 두 번째 조로 뛰게 된 에릭은 가정 먼저 결승점을 통과했지만 그가 세운 48초 2라는 기록은 결승전에 이미 진출해 있는 다른 선수들의 기록과 비교할 때 그다지 뛰어난 기록이 아니었다. 다만 단거리 선수였던 에릭이 400미터 중거리 경기에서 모든 예선 경기들을 무난히 치르고 결승전에 진출했다는 사실은 대단한 일이었다.

마침내 400미터 결승전이 열리는 날, 결승에 진출한 여섯 명의 선수들은 출발 지점에 홈을 판 후, 가볍게 몸을 풀었다. 400미터 경기에 별로 경험이 없던 에릭은 불리하게도 제일 바깥쪽 구간에 출발 배정을 받았다. 그러나 에릭은 이런 모든 상황에 동요하지 않았고 평소 하던 것처럼 나머지 참가 선수들에게 일일이 악수를 청하며, 최선을 다하라는 말을 잊지 않고 덧붙였다. 그리고 에릭은 맨 끝 자신의 라인으로 돌아와 서서히 출발 준비를 했다.

여섯 명의 선수들이 출발 대기선 앞에 서자, 원형 그라운드를 빽빽이 메운 관중들은 호흡을 멈추며 출발 신호를 기다리고 있는 선수들에게 시선을 집중했다. 다리 부상으로 한쪽 다리에 넓은 붕대를 감고 출전한 가이 버틀러는 꼿꼿이 서서 출발 신호를 기다렸으며, 나머지 다섯 선수들은 잔뜩 웅크린 자세로 초조히 출발 신호에 신경을 곤두세웠다.

"탕!"

출발을 알리는 총소리가 콜롬브스 경기장에 울려 퍼졌다.

에릭은 쏜살같이 앞으로 달려 나갔다. 검은색 가죽 운동화 바닥이 힘차게 트랙을 박찼다. 첫 번째 코너를 돌았을 때 선두를 달린 것은 다름 아닌 에릭이었다. 이 광경에 대해서 에든버러의 유력지 〈이브닝 뉴스Evening News〉는 에릭이 '마치 신들린 악마와 같이 놀라운 스피드로 첫 코너를 돌았다.'고 보도했다. 400미터 트랙의 중간 지점을 통과할 때, 에릭은 2위로 달리던 미국의 피치와 3야드 정도의 간격을 두고 있었다. 사람들은 에릭이 금세 뒤로 처질 거라고 예상하며 숨을 죽였다. 달리기에 대한 테크닉을 어느 정도 아는 사람들은 400미터 경기는 처음부터 끝까지 전력 질주할 수 없다는 사실을 잘 알았기에 머리를 설레설레 흔들었다.

코너를 돌아 직선거리를 달리기 시작할 때 에릭은 그의 뒤를 바짝 따라오던 피치가 더욱 속도를 내 자신에게 접근해 오는 것을 느끼고 다시 한 번 사력을 다해 달렸다. 결승점을 얼마 남겨 놓지 않았을 즈음, 에릭의 뒤를 바짝 따르던 피치와 버틀러는 에릭을 따라잡기 위해 마지막 힘을 다 쏟아 부었다. 이내 피치가 에릭을 따라잡을 것처럼 보이자 관중석에서는 세찬 함성이 일어났다. 에릭이 이대로 무너지느냐, 아니면 기필코 해내느냐는 앞으로 남은 50미터에 달려 있었다. 에릭은 이를 악물며 기적과 같은 마지막 스피드를 올렸다.

어떻게 저럴 수가 있을까? 경기를 지켜보던 사람들의 마음속에는 한 순간, '에릭이 계속해서 저렇게 놀라운 속도로 달리다가는 도중에 쓰러져 죽을지도 모른다.'는 불안감마저 들었다. 이제껏 에릭과 같은 속도로 400미터를 질주한 사람은 아무도 없었기 때문이다. 하지만 정작 쓰러진 선수는 에릭과 피치를 뒤쫓던 스위스의 임바흐였다. 임바흐는 결승점을 40미터 정도 남기고 자기 힘에 부쳐 결국 쓰러지고 말았다.

마지막 결승선을 앞두고 에릭은 그의 전형적인 폼인 머리를 뒤로 젖히고, 턱을 앞으로 내민 채, 마치 물에 빠진 사람처럼 두 손을 하늘 높이 쳐들고 휘두르더니, 초인적인 힘을 발휘하여 결승 테이프를 끊었다. 에릭 리들이 드디어 파리 올림픽에서 가장 감동적이며 극적인 승리를 연출해내는 아름다운 순간이었다. 관중석에서는 작은 유니언 잭_{Union Jack 영국 국기}들이 일제히 열광하는 관중들 머리 위로 솟아올랐다.

그라운드는 온통 열광과 흥분의 도가니였다. 잠시 후 스피커에서 장내 아나운서를 통해 새로운 세계 기록이 수립되었다는 짤막한 방송과 함께 전광판에 '세계 신기록'이라는 글자가 번쩍거리자 그 열기는 거의 광적으로 변했다. 금메달리스트 에릭 리들의 이름이 호명되고, 유니언 잭이 콜롬브스 경기장에서 그 위용을 과시하며 하늘에 펄럭이자 관중들은 눈물을 흘리며 기쁨을 감추지 못했다.

에릭이 그날 400미터 경기에서 세운 '47초 6'의 기록은 세계 신기록으로 공인되었다. 당시 440야드 경기_{400미터보다 2미터 가량 긴 경기}의 비공식 세계 신기록 선수였던 테드 메러디스_{Ted Meredich}는 이 경기를 관람한 뒤 다음과 같이 자기 소감을 얘기했다.

"이 경기는 이제까지 치러진 400미터 경기 중에서 가장 훌륭한 경기로 우리 기억에 남을 것입니다. 에릭이 갖고 있던 여러 가지 불리한 조건들을 고려할 때, 출발 신호가 울리고 나서 결승 테이프를 끊을 때까지 그토록 엄청난 스피드를 계속 유지할 수 있었다는 것은 하나의 기적입니다. 에릭 리들은 지금까지 제가 본 선수들 가운데 가장 훌륭한 400미터 주자입니다."

편협한 신앙인에서 영국을 빛낸
위대한 영웅으로

올 림 픽 우 승 으 로

에릭은 세계적인 명성을 얻게 되었으며, 파리 전역을 떠들썩하게 만
들었던 이 소식은 곧바로 조국에 전해져 전 영국과 스코틀랜드를 뒤
흔들어 놓았다.

에릭이 100미터 예선 경기에 나가지 않겠다고 했을 때 온갖 비
난과 조롱을 퍼부었던 스코틀랜드의 언론사들은 언제 그런 일이 있
었느냐는 듯 앞 다투어 에릭에게 '조국의 명예를 드높인 영웅'이라
는 찬사를 보내기에 바빴다.

스코틀랜드 최대 일간지인 〈더 스코츠맨〉은 이 경기를 다음과 같이 보도했다.

「400미터 경기에서 영국 선수가 승리를 거둠으로써 유니언 잭은 콜롬브스 경기장에 그 위용을 과시하며 하늘 높이 펄럭이게 되었다. 그날의 주인공은 에든버러 대학의 육상 선수 에릭 리들로서 그는 어제 벌어진 400미터 경기에서 놀라운 실력으로 영국에 금메달을 안겨 주었다. 그는 파리 올림픽 경기에 참가한 선수들 중 가장 관심을 끌었던 선수 가운데 한 사람이었다. 자신을 뒤따르던 다른 선수들의 추격을 눈치 챈 에릭은 드디어 머리를 뒤로 젖히고, 턱을 앞으로 내민 채, 초인적인 힘을 발휘하여 파리 올림픽 육상 경기를 통틀어 가장 감동적이고 드라마틱한 승리를 만들어 냈다.」

그에 대한 찬사는 이것으로 끝나지 않았다. 에든버러의 유력지인 〈이브닝 뉴스〉는 더욱 흥분된 어조로 이 장면을 보도하고 있었다.

「원형 그라운드에 빽빽이 들어선 관중들은 각자 자기가 좋아하는 선수를 열광적으로 응원했다. 마침내 에릭이 결승 테이프를 끊고, 그를 기다리고 있던 영국팀 임원들의 품에 안겼을 때, 관중석에서는 작은 유니언 잭들이 마치 매스게임을 하듯 일제히 솟아올랐다. 한동안 그 열기는 계속되었는데, 그때 장내 아나운서의 짤막한 방송이 흘러나왔다. "아떵숑, 아떵숑 Attention, 방금 400미터 경기의 우승자는 영국의 에릭 리들! 이 경기에서 새로운 세계 기록이 수립되었습니다!" 다시 관중들의 환호는 이어졌고 장내 아나운서가 2위와 3위의 이름을 부를 때까지는 한참의 시간이 걸렸다. 국기 게양대에 커다란 유니언 잭을 중앙으로 왼쪽에 또 하나의 작은 유니언 잭이 게양되었을 때, 관중들은 다시 환호했으며 시상식이 끝나고 에릭 리들이 잔디를 가로질러 탈의실로 사라지고 나서도 함성은 당분간 계속되었다.」

이 기사에는 함성과 열광으로 뜨겁게 달궈졌던 당시 경기장 상황이 잘 묘사되어 있다. 에릭의 우승은 잠깐의 박수와 탄성으로 끝나지 않았다. 우승이 확정된 순간부터 시상식이 끝나고 선수들이 경기장을 떠날 때까지 관중들은 계속해서 그를 향해 뜨거운 박수를 보냈다. 관중들이 이렇게 긴 시간 동안 지속적으로 열광할 수 있었던 것은 도저히 믿기지 않을 만큼 불가능하게만 보였던 일을 가능하게 한, 그야말로 기적 그 자체를 눈앞에서 생생하게 경험했기 때문이었다.

당시 스코틀랜드에서 가장 많은 인기를 누리고 있던 화보 잡지 〈더 블러틴The Bulletin〉에는 에릭의 사진과 함께 짧지만 매우 인상적인 글이 소개되었다.

「에릭 리들은 꾸준한 노력과 불굴의 정신력으로 그의 비능률적이고 세련되지 못한 약점을 극복했다. 에릭 리들의 400미터 경기는 지금까지 치러진 올림픽 경기 중에서 가장 훌륭하고 감격적인 승리였다.」

자신의 우승 소식을 전하는 일련의 신문 기사들을 읽으며 에릭의 얼굴에 환한 미소가 번졌다. 한때는 조국을 버린 배신자가 되었다가 이제는 조국의 명예를 드높인 영웅 대접을 받다니! 에릭의 가슴속에서는 뭉클한 환희와 자부심이 물밀듯 밀려왔다.

"하나님이 우리를 용사로 창조하셨으니, 우리도 스스로를 용사로 보아야 한다."

에릭은 파리 올림픽에서 그 누구보다 '더 빠르고, 더 높고, 더 힘찬' 사람이었지만, 그 무엇보다도 언제나 하나님과 동행하는 즐거운 경주자였다.

이날 경기에서 에릭에 이어 2위로 결승점을 통과한 은메달리스트 피치는 백발의 노인이 된 어느 날 미국의 한 신문 기자에게 이런 말을 했다고 한다.

"파리 올림픽 400미터 결승 경기가 열리기 바로 직전 기록을 비교하자면 제가 에릭보다 약간 앞서 있었죠. 그날 트랙에서 다른 작전을 사용했더라면 아마 제가 이길 수도 있었을 겁니다. 그렇다면 영화 〈불의 전차〉도 없었을 것이고, 에릭 리들의 신화 또한 없었을 겁니다. 그렇기 때문에 저는 그날 제가 에릭에 이어 2위로 들어온 것을 진심으로 자랑스럽게 생각합니다."

200미터는 내 힘으로 빨리, 200미터는 하나님의 도우심으로 더 빨리!

에릭의 경기에서

가장 인상적이었던 것은 바로 스피드였다. 처음 출발에서부터 결승 테이프를 끊을 때까지, 에릭은 좀처럼 믿기 힘든 놀라운 스피드로 계속해서 달렸다. 경기를 지켜보는 관중들이 오히려 저러다 중간에 쓰러지지나 않을까 걱정할 정도였다. 100미터 경주에서는 처음부터 끝까지 온 힘을 다해 달리는 게 정석이지만, 400미터 경주에서는 초반, 중반, 종반으로 나눠 속도를 잘 조절하면서 달리는 게 육상의 정석이다.

따라서 100미터나 200미터가 주 종목인 선수들에게 400미터 경기란 전혀 다른 차원의 지구력과 체력이 요구되는 경기인 것이다. 이것은 400미터 선수가 100미터와 200미터를 뛰려고 할 때도 마찬가지다. 100미터나 200미터 경기와 400미터 경기는 전혀 다른 스타일의 경기라고 생각하는 것이 상식이다. 그런데 에릭은 불과 몇 달 동안의 연습으로 이런 장애를 모두 극복했으니 누구나 불가사의한 일로 받아들일 수밖에 없었다.

과연 에릭의 성공 비결은 무엇이었을까?

당시 사람들은 에릭과의 인터뷰를 통해 이 비밀의 실마리를 찾아냈다. 그것은 다름 아닌 그의 '신앙'이었다.

한 스코틀랜드 신문 기자는 에릭에게 이렇게 물었다.

"어떻게 해서 그런 놀라운 스피드를 중반 이후에도 계속 유지할 수 있었습니까?"

에릭은 기다렸다는 듯이 주저하지 않고 대답했다.

"400미터 경기에서 제가 승리한 비결은 간단합니다. 처음 200미터는 힘껏, 저의 최선을 다해 빨리 달린 것입니다. 그리고 나머지 200미터는 하나님의 도우심으로 '더 빨리' 달릴 수 있었던 것뿐입니다."

이 대답은 결코 거짓이 아니었다. 과장 없는 그의 삶을 통한 철저한 간증이었다. 에릭은 이미 100미터 경기 출전을 포기하면서 하나님께 자신의 나머지 경기에 대한 승패를 맡겨 놓고 있었다. 그것은 하나님의 뜻과 계획이 바로 자신의 뜻과 계획이 되게 하기 위한 철저한 순종이었다. 그렇기 때문에 자신이 출전하는 200미터 경기와 400미터 경기, 그리고 그 이후의 시간들을 하나님께서 온전히 인도해 주실 것을 강력하게 믿고 있었다.

에릭은 나중에 파리 올림픽을 회상할 때마다 아내에게 이렇게 이야기하곤 했다.

"내가 100미터 경기를 포기하고, 그 대신 400미터 경기에 대비한 훈련을 본격적으로 시작했을 때에야 나는 비로소, 신기하게도 400미터가 나에게 딱 맞는 진정한 종목임을 발견했어. 하나님께서 이처럼 나에게 적합한 경기로 인도해 주지 않으셨다면, 아마 나는 파리 올림픽 400미터 경기에 출전할 엄두도 내지 못했을 거야."

에릭은 이처럼 모범적이고 순종적인 삶을 살았지만 그에 못지 않게 강한 의지와 승부욕을 가진 사람이었다. 하루는 에릭이 동료 육상 선수들과 함께 길가를 달리고 있는데, 버스 한 대가 그들 옆으로 바짝 붙어서 경적을 울리며 한번 쫓아와 보라는 듯이 살살 약을 올렸다. 하지만 그들이 달리고 있던 길이 가파른 언덕길이라 그들 중 아무도 감히 버스와 겨룰 엄두를 내지 못했다. 그런데 놀랍게도 에릭이 그 대열에서 빠져 나와 앞서 달리기 시작했다. 버스는 계속해서 경적을 울리며 무시하듯 달려갔지만 에릭은 더욱 힘을 내 버스를 쫓아가더니 결국 엄청난 스피드로 언덕 꼭대기쯤에서 버스를 따라 잡고 말았다.

에릭은 가슴이 터질 것 같은 통증을 느끼며 가쁜 숨을 몰아쉬었다. 잠시 후 뒤따라오던 동료들이 도착했고 땀으로 뒤범벅이 된 에릭을 보며 믿기지 않는다는 듯 물었다.

"아니 어떻게 그렇게 놀라운 힘이 생겼어?"

그러자 에릭은 씩 웃어 보이며 이렇게 대답했다.

"지기 싫어서 그렇지 뭐."

에릭은 지나치는 말로 얘기했지만, 그의 집념은 실로 대단한 것이었다. 그것은 단지 어떻게든 이겨야겠다는 외골수적인 집착이 아니었다. '해야 할 가치가 있는 일은 또한 잘해야 할 가치도 있다.'는 신조가 만들어 낸 그의 집념은 자기 자신의 온 몸을 극한점까지 치닫게 하여, 결승점에 도달했을 때는 조금의 힘도 남아 있지 않도록 하는 강인한 정신력을 의미했다. 그냥 '최선을 다하는'게 아니라 몸의 극한점, 최고의 정점까지 달려가 '모든 에너지를 다 쏟아내는' 그의 정신력은 이후 그의 생에 큰 지지대가 되어 주었다.

트랙 위의 영국 신사

에릭은 언제나 육상 트랙에서

훌륭한 기사도 정신을 보여준 선수였다.

에릭이 육상 경기를 하던 시절에는 요즘처럼 잘 만들어진 스타팅블록*이 없었다. 선수들은 저마다 출발 지점에 자기 발을 집어넣을 구멍을 '트라우얼trowel' 이라고 불리는 작은 모종삽으로 직접 파야 했다. 하지만 당시 육상 선수들에게는 이 모종삽도 아무나 가질 수 있는 것이 아니었다. 그래서 경기가 있을 때마다 에릭은 곧 자기와 겨룰 선수들을 일일이 찾아다니며, 자기 모종삽을 쓰지 않겠느냐

starting block : 출발을 도와주는 장치로 1929년 미국 오하이오 주립대학의 심프슨이 처음으로 사용했으며, 1948년 제14회 런던 올림픽경기대회 때부터 공식적으로 사용되었다

고 권했다. 그리고 마치 자기는 경기에 참가하지 않는 사람처럼 일일이 악수를 청하며 이렇게 말했다.

"최선을 다하세요. 건투를 빕니다."

에릭 역시 경기 때마다 맹훈련을 하고 나서 승리를 목표로 출전했지만, 다른 경쟁 선수에 대한 배려와 격려의 말을 잊지 않은 것이다. 보통 이런 경우 영어에서는 '행운을 빈다'는 의미로 'Good Luck!' 이라고 말하는데 에릭은 그렇지 않았다. 경기에서 이기는 것은 '행운Luck' 때문이 아니라 최선을 다한 선수의 훈련과 기술, 그리고 하나님의 섭리 때문이라고 믿었던 까닭이다. 그래서 그는 '최선을 다하라'는 의미로 'All the best!'라는 말을 즐겨 사용했다. 그리고 자기 자신도 언제나 최선을 다해 달렸다.

에든버러 대학 시절 에릭의 동료 육상 선수였던 니얼 캠벌 교수는 그의 저서 《에든버러 대학 육상클럽의 일화The Story of Edinburgh University Athletic Club》에서 잊지 못할 에릭 리들과의 첫 만남을 다음과 같이 적고 있다.

「한번은 440야드 경주를 앞두고 각자 자기 출발선에서 몸을 풀면서 대기하고 있었다. 아직 초년생이었던 나는 불행하게도 가장 바깥 구간에 출발 지점을 배정받았다. 그때 에릭이 나에게 걸어오더니, 얼굴에 웃음을 가득 띠고서 출발 지점을 자기와 바꾸지 않겠느냐고 제의를 했다.

당시 국내 경기에서는 선수들이 요즘과 같이 트랙 안배를 해서 자기 구간을 각각 달리는 게 아니라, 출발 신호가 떨어지기가 무섭게 유리한 안쪽 트랙을 차지하기 위해 필사적으로 파고드는 경기를 치러야 했다. 이런 사정을 잘 아는 에릭이 자기에게 배정된 안쪽 출발 지점을 내게 양보하고, 자기는 가장 불리한 바깥 구간에서 뛴 것이다. 물론, 코스를 바꾼 것이 에릭에게는 아무런 영향도 주지 못했다. 그날 경기의 우승은 에릭의 차지였으니까.」

이런 배려는 결코 평범한 것이 아니었다. 어느 자리에 서서 출발하느냐가 승패를 가르는 중요한 변수가 될 수 있는 상황에서 상대 선수를 위해 자기에게 배정된 좋은 자리를 양보하는 것은 에릭만이 가지고 있던 자신감과 평안함에 기초한 것이었다.

스코틀랜드 4개 대학 친선경기에 에릭이 에든버러 대학 대표로 출전했을 때 일이다. 대회가 막바지로 접어들면서 날씨가 몹시 쌀쌀하고 을씨년스러워졌다. 에릭이 차례를 기다리며 준비를 하고 있을 때 육상화를 신고 짧은 러닝셔츠와 반바지 차림을 한 어떤 선수가 잔디밭에 혼자 멍하니 앉아 있었다. 에릭은 얼굴에 미소를 머금은 채 그에게 다가가서 말없이 자기가 입고 있던 조끼를 벗어 어깨에 걸쳐 주었다.

"이 파란 조끼는 제가 다니는 에든버러 대학 학생들이 즐겨 입던 겁니다. 이렇게 추운 날에 멍하니 앉아 있으면 경기 때 최고 실력이 나오지 않아요. 이렇게 체조라도 하면서 몸을 풀면 추위도 이길 수 있고 좋은 컨디션으로 시합할 수 있을 겁니다."

자기와 곧 겨룰 상대 선수에게 이런 호의를 베푸는 것은 아무도 생각하지 못했던 의외의 행동이었다. 에릭의 이러한 따뜻한 미소와 마음씨는 함께 경주하는 상대 선수들에게 큰 감동을 주었고, 많은 크리스천들에게 '낯선 사람을 대하는 귀감'으로 여겨졌다.

에릭의 경기를 본 한 관객은 신문에 다음과 같은 글을 기고한 바 있다.

「내가 '크레이그록하트Craiglockhart'에서 열린 대학육상선수권대회 100야드 경기에 출전하는 에릭 리들을 보기 위해 경기장에 갔을 때 일이다. 내 예상대로 에릭 리들은 그 경기에서 신기록을 수립하며 당당하게 우승했다. 하지만 나는 그날 경기장에서 평생 잊을 수 없는 감동적인 장면을 목격하게 되었다.

경기 직전 한 흑인 선수가 차례를 기다리며 경기장 주변을 혼자 어슬렁거리고 있었다. 경기를 앞두고 그는 매우 초조하고 외로워 보였지만, 당시는 인종차별이 심해 어느 누구도 흑인 선수를 보고 아는 체하지 않았다. 이때 놀랍게도 에릭이 흑인 선수에게 다가가 팔을 그의 어깨 위에 두르고, 경기가 시작될 때까지 진지하고 상냥하게 얘기를 주고받는 것이었다. 에릭은 상대가 자신의 경쟁자든, 피부색이 다른 흑인이든 상관없이 사랑과 용기를 북돋아 주는 것이 자신이 해야 할 일이라고 생각했고, 이를 늘 실천했던 것이다. 나는 바로 이것이 크리스천의 올바른 행동임을 느꼈고, 그 기억은 그날 이후 내 뇌리를 떠나지 않았다.」

에릭과 함께 뛴 적이 있는 동료 육상 선수들은 하나같이 이렇게 말했다.

"에릭은 우리들에게 단지 라이벌이 아니었습니다. 우리는 출발 신호가 떨어지고 나서 항상 그의 뒷모습만 바라보며 뛰었는데, 그는 확실히 어떤 영감을 가지고 뛰는 것 같았습니다. 그가 경기장에 나타나면 마치 태양이 환하게 비치는 것처럼 말할 수 없이 따뜻한 인간미를 느낄 수 있었어요. 그런 에릭을 우리는 모두 사랑하고 존경했습니다."

내가 직접 만나본 많은 사람들은 에릭을 생각하는 것만으로도 얼굴에 잔잔한 기쁨이 넘쳐났으며, 모두들 입을 맞춘 듯이 에릭과 함께 그라운드를 누빈 것이 평생 잊지 못할 추억이라고 이야기했다. 니얼 캠벌 교수는 나지막한 목소리로 이런 말을 했다.

"에릭 리들은 이제까지 스코틀랜드가 배출한 육상 선수들 중에 가장 유명하고, 가장 인기 있고, 또 가장 사랑을 많이 받은 선수였어요. 전 세계 사람들에게 그렇게 큰 영향을 끼친 육상 선수는 아마도 없을 거예요."

에릭 리들을 알았던 사람들은 캠벌 교수의 평가가 절대 과장된 표현이 아니라는 사실에 동감한다. 에릭은 육상 선수로서 뛰어난 기록과 눈부신 업적을 이룩했지만 그 뒤에 감춰진 그의 따뜻한 인간미와 성품은 더욱 감동적인 것이었다. 그는 거의 모든 경기에서 자신이 최고의 선수임을 증명했다. 하지만 에릭을 응원하기 위해 경기장에 모여든 사람들은 그의 엄청난 속력에만 감탄한 것이 아니라 경기장에서 그가 보여준 헌신적인 태도와 행동에 더 감탄을 금치 못했던 것이다.

머리를 뒤로 젖히고 달리는
엉성하고 희귀한 폼

에릭이 대학육상선수권대회에서

우승을 한 뒤, 본격적으로 선수 생활을 시작하려고 할 무렵의 일이
다. 에든버러 대학 대표로 선발된 그는 다양한 친선경기에 참가하기
위해 '파우더 홀Powder Hall'에서 합숙 훈련을 하게 되었다. 그곳은 당
시로서는 상당히 현대적인 시설인 '신더 트랙*'이 있었기 때문에
육상 선수들에게 매우 중요한 연습장이었다.

　이곳에서의 경험은 에릭에게 많은 도전을 주었다. 경기 전에 행
하는 준비운동이 얼마나 유용한 것인가도 깨달았고, 전문적인 훈련

　　cinder track : 석탄재를 깔아 다진 경주용 트랙

방식에 대한 필요성도 느끼게 되었다. 그때까지 기꺼이 코치를 맡아 주었던 친구 역시 에릭에게 전문적인 코치가 필요하다는 것을 인정했다. 그러던 중에 이미 파우더 홀에서 다른 육상 선수들을 지도하고 있던 유명한 육상 코치 톰 맥커처Tom Mckerchar 씨와 연결이 되었다. 에릭과 맥커처와의 관계는 요즘처럼 계약에 의해 맺어진 관계가 아니었다. 순수한 인간적인 관계였다. 맥커처는 에릭에게 육상 선수로서 필요한 도움과 정보를 주었을 뿐 아니라 에릭의 개인적인 문제에 대해서도 깊은 대화를 나눴다. 맥커처는 또 에릭의 전문 안마사이기도 해서 늘 에릭과 붙어 다녔다.

에릭이 맥커처와 같이 걸어가거나, 이야기하는 것을 본 사람들은 누구든지 그들을 코치와 육상 선수로 생각하지 않았고 다정한 부자지간, 혹은 사제지간으로 착각했다. 그 정도로 두 사람의 관계는 깊숙한 것이었고 친밀했다.

맥커처 코치가 에릭을 세심하게 관찰하면서 놀란 것은 에릭의 엉성하고 희귀한 폼이었다.

사실 에릭의 달리는 폼은 괴상망측하기 이를 데 없었다. 시선은 자기가 달려가야 할 목표점을 향하지 않고 늘 하늘을 향했으며, 머리를 뒤로 젖힌 채 양팔은 마치 권투선수가 샌드백을 두드리듯이 마구 휘저었다. 그리고 다리는 무릎으로 턱을 마주치려는 듯이 높고 꼿꼿하게 치켜 올리면서 달렸다. 이런 이상한 폼은 어찌 보면 육상 선수라기보다는 시합을 바로 앞두고 몸을 푸는 권투 선수처럼 보였다.

앞을 똑바로 보면서 양팔을 옆에 붙이고 부드럽게 흔들라고 맥커처 코치가 아무리 주의를 줘도 헛일이었다. 온갖 수단을 다 동원했지만 에릭의 자세는 전혀 변함이 없었다.

하지만 달릴 때 그의 놀라운 스피드를 본 사람들은 누구나 에릭에게는 확실히, 말로는 표현하기 힘든 그 무엇인가가 있음을 직감했다. 머리를 뒤로 젖히고, 입을 벌리고, 턱을 꼿꼿이 하고 뛰는 바로 그 순간, 에릭은 어느 누구도 뭐라고 단정할 수 없는 힘을 누군가로부터 받고 있는 사람 같았다. 그것이 에릭을 누구보다 빨리 달리게 했고 마지막 피치를 올리는 힘이 되었기 때문이다.

한번은 글라스고우의 햄던 공원에서 440야드 릴레이 경기가 열렸다. 에릭은 네 명의 주자 가운데 마지막으로 달리게 되었다. 바통을 이어받았을 때, 에릭은 많이 뒤쳐져 있었고 앞서가는 선수를 따라잡는 게 그리 쉬워 보이지 않았다.

이때 한 관람객이 함께 온 친구에게 "이번에는 에릭이 힘들겠는 걸!"하고 얘기했다. 그러자 당시 유행하던 뻣뻣한 중산모자를 쓴 그 친구가, "아직 그의 머리가 뒤로 안 젖혀졌는데?"하고 대꾸하는 것이었다. 아니나 다를까 결승점까지 40야드 정도를 남겨두고 있을 때, 에릭의 머리는 관람객이 예견한 것처럼 뒤로 젖혀졌다. 그리고 눈은 하늘을 응시한 채 양팔을 마구 흔들며 있는 힘을 다했고 곧바로 결승 테이프는 그의 가슴에 휘감겼다.

에릭의 이런 특이한 폼 때문에 나중에 영화 〈불의 전차〉를 촬영

Ian Charleson : 에릭 리들의 고향인
스코틀랜드 에든버러 출신의 영화배우

할 때 에릭 리들 역을 맡은 이안 찰슨*은 커다란 고민에 빠지게 된다. 에릭 리들 역을 제대로 해내자면 그와 똑같은 폼으로 빠르게 달려야 했기 때문이다. 아무리 연구를 하고 연습을 해도 쉽지 않은 일이었다. 운동장에서 머리를 뒤로 젖히고 양팔을 정신없이 휘두르며 뛰어봤더니, 자기가 가야할 선에서 벗어나 옆의 주자들과 부딪히고 넘어지기 일쑤였다. 그 자세로는 도저히 제대로 뛸 수가 없었다.

고민에 고민을 거듭하던 이안 찰슨은 영화를 찍기 시작한 지 5일째 되던 날, 드디어 에릭이 과연 어떻게 머리를 뒤로 젖히고도 똑바로 뛸 수 있었는가에 대한 실마리를 잡았다. 그가 런던의 연극학교를 다닐 때 소위 '신념훈련'이라고 하여, 누군가가 중간에서 멈춰주리라는 확신 아래 한쪽 벽을 향해 앞과 뒤, 옆을 보지 않고 온 힘을 다해 질주하는 연습을 한 적이 있었다. 그는 에릭 리들이 바로 그렇게 달렸을 거라고 불현듯 깨달을 것이다.

이안 찰슨은 다음과 같이 자신의 해석을 이야기했다.

"에릭은 신념훈련처럼 어떤 강력한 믿음을 가지고 달렸습니다. 저도 그런 마음을 가지고 달렸더니 어느 순간 새로운 힘이 솟아나는 것을 느낄 수 있었습니다. 에릭은 믿음 안에서 아주 편안하고 부드럽게 자신을 앞으로 전진시켜 나간 듯합니다."

니얼 캠벌 교수는 에릭의 폼에 대해 다른 사람들과는 조금 다른 의견을 가지고 있었다.

"에릭의 폼이 세련되지는 않았지만, 결코 사람들이 얘기하듯 허우적거리며 엉성하게 뛰는 폼은 아니었습니다. 에릭이 달리는 것을 보면 마치 펌프질을 하는 것처럼 양팔과 다리가 힘차게 움직였는데, 그건 정말 아름다운 율동이라고 표현할 만한 것이었습니다."

그는 "경기 중에 에릭은 내가 달리는 폼을 보지 못했겠지만, 에릭보다 앞서서 뛸 기회가 거의 없었던 나로서는 바로 뒤에서 에릭이 달리는 모습을 누구보다도 잘 볼 수 있었습니다."라고 익살스럽게 덧붙였다.

언젠가 한번은 어떤 모임에서 사람들이 자신의 이상한 폼에 대해 계속해서 흥미를 가지고 묻자 그는 본인의 세련되지 못한 폼의 원인이 다름 아닌 자기 조상들 때문이라고 재치 있게 얘기한 적이 있다.

"저의 조상들이 살던 곳은 잉글랜드와 경계를 이루는 스코틀랜드의 변경 지방이었는데, 그들은 자주 잉글랜드를 넘어가 정탐을 하거나 혹은 침략을 하곤 했습니다. 늘 잉글랜드 병사들에게 쫓겨야 했던 그들은 오직 빨리 달려서 안전하게 스코틀랜드로 되돌아오는 것이 급선무였죠. 달리면서 우아하고 멋진 폼을 생각할 겨를이 없었던 겁니다. 저는 바로 그분들의 엉성한 폼을 그대로 이어받은 것입니다."

1920년대에 생긴 에릭 리들 팬클럽

에릭 리들은 대학 시절

스포츠 외에도 꾸준히 전도 활동을 해 온 것으로 유명하다.

1923년 4월 6일 저녁, 아머데일 시청의 한 홀에서 전도 모임이 개최됐다. 그 모임에 참석한 청중은 약 80명 정도였다. 결코 많은 숫자는 아니었지만 그날의 연사가 누구라는 것을 모른 채 참석한 사실을 감안한다면 당시 상황으로는 적은 숫자가 아니었다. 짤막한 개회사가 있은 뒤 놀랍게도 단상 위로 에릭이 올라왔다.

에릭을 발견한 청중들은 깜짝 놀라며 벅찬 기대를 가지고 단상

을 주시했다. 유명한 육상 선수이며 스코틀랜드 국가 대표 럭비팀에
서 활동하는 에릭을 모르는 사람은 한 명도 없었다. 하지만 이때까
지만 해도 사람들은 에릭의 신앙에 대해 알지 못했다. 육상 트랙과
럭비 구장에서는 누구와도 견줄 수 없는 맹활약을 보여주던 그였지
만 여러 청중들 앞에서 처음으로 연설을 하게 되었을 때, 훌륭한 웅
변가로서의 자신을 보여주지는 못했다.

그의 말투는 연설이라기보다는 느린 어조로 마치 가까운 친구
와 이야기하는 듯한 인상을 주었다. 과장되거나 화려한 기교가 없는
그의 연설 속에서 점점 자신의 삶이 솔직하게 드러나기 시작했다.
주님의 사랑과 도우심으로 육상을 하게 된 사연과 하루하루 생활에
서 얻는 힘과 격려에 대해 이야기했다. 또한 자신은 주님으로부터
어떠한 설명과 이해도 필요하지 않으며 오직 믿고 순종할 뿐이라고
간증했다. 그의 연설은 세련된 웅변가의 것과는 비교할 수 없었지만
특유의 솔직함과 겸손함으로 듣는 사람들에게 커다란 감동을 불러
일으켰다.

다음 날 아침, 스코틀랜드의 모든 신문들은 '에릭이 어젯밤 한
전도 모임에 참석하여 자신의 신앙을 처음으로 고백했다.'고 일제
히 보도했다. 이날부터 그의 신앙은 그가 생각해 왔던 하나님과 그
와의 은밀한, 개인적인 관계가 아니라 하나님의 사랑을 모든 사람들
에게 전해야 한다는 적극적인 전도의 신앙으로 변화했다.

그의 첫 연설이 있고 나서 일주일 후, 에릭은 글라스고우의 외

곽 도시인 루더글린에서 연설을 했는데, 이날 그곳에 모인 사람은 무려 600여 명이나 됐다고 한다. 에릭의 연설은 수많은 인파가 몰린 곳에서 성대하게 치러졌으며 모임이 이어질수록 점점 더 사람들의 수가 늘어만 갔다.

에릭의 당시 활동 영역을 보면 초인적이라고 할 만큼 대단했다. 주말에는 육상 경기와 전도 활동을 하며 보냈고, 주중에는 학교 공부와 훈련에 몰두했으며, 그리고 남는 시간에 다른 다양한 봉사 활동에까지 참가했다. 한 사람이 감당하기에는 지나치게 **빡빡한** 일정이었지만 에릭은 그만의 특유한 철저함과 성실함으로 이 모든 일들을 무리 없이 해나갔다.

학창 시절을 이야기할 때 **빼놓을** 수 없는 일화가 있다. 요즘이야 전혀 낯설지 않은 일이지만 1920년 당시로서는 아주 이례적이었던 소위 '에릭 리들 팬클럽'에 관한 것이다. 팬클럽을 처음으로 조직한 당사자는 겨우 열네 살 된 앳된 소녀였다. 소녀의 이름은 엘자 메커흐니Elsa Mckechnie였는데, 그녀가 에릭 리들을 처음 본 것은 에릭이 주일학교 교사로 봉사하던 에든버러 '모닝사이드 회중교회'에서였다.

한창 감수성이 예민하고 생각이 많을 나이의 소녀 엘자는 자신이 살고 있는 도시 생활에 대해 말로 다 할 수 없는 불만을 가지고 있었다. 겉과 속이 다른 사람들의 위선적인 태도와 거짓 웃음, 그리고 겉치레에 대한 강한 거부감이었다. 교회에서도 어른들은 겉으로 얘기하는 신앙과 실제 행동에 많은 모순이 있음을 발견하게 되었고, 이내 깊은 고민에 빠지게 되었다. 그 후 그녀는 에든버러 시내를 떠나 외곽 마을로 이사를 하면서 집 주위에 있는 모닝사이드 회중교회에 나가게 되었다. 그러던 어느 날 교회 주일학교에서 에릭을 만난 후 '바로 이 사람이다. 그리스도인이 여기 있다!'고 느꼈다고 한다.

그 뒤 엘자는 기회가 닿는 대로 에릭이 연설하는 곳을 따라다녔다. 에릭의 연설과 그의 행동, 삶의 모습을 지켜보면서 이제까지 꿈꿔 왔던 이상적인 그리스도인의 삶이 무엇인지를 다시 한 번 깨닫게 된 것이다. 그 순간 엘자가 생각해낸 것이 '에릭 리들 팬클럽'이었다. 엘자는 자신이 다니던 조지 와츤 여학교 친구들을 중심으로 클럽을 조직했고 에릭 리들 팬클럽의 엄한 규칙들도 만들었다. 이 클럽의 취지는 한마디로 '에릭 리들의 삶을 본받자'는 것이었는데, 회원 명단의 1번은 엘자 메커흐니였고, 2번은 에릭 리들이었다.

엘자와 그녀의 친구들은 에릭 리들에 관한 모든 신문 기사와 사진을 스크랩하여 보관했다. 그밖에 에든버러 주변에서 열렸던, 에릭이 연사로 등장하는 거의 모든 모임에 참석하여 그들의 우상 에릭 리들의 연설 내용을 작은 엽서에 메모하며 경청했다.

하루는 엘자가 여러 번의 망설임 끝에 용기를 내서 에릭을 집으로 초대했다.

"바쁘시겠지만 저희 집에서 차를 대접하고 싶어요. 간단하게 이야기도 나누면서요. 와 주실 수 있나요?"

당시 에릭은 너무나 바쁜 생활을 하고 있었지만, 소녀의 순수한 초대를 기꺼이 받아들였다. 엘자는 기쁨을 감추지 못하고 헐레벌떡 집으로 돌아와 가족들에게 에릭 리들이 자기 집을 방문하기로 했다며 자랑했지만 가족들은 십대 소녀의 감성적인 흥분일 거라 생각하면서 그 말을 믿지 않았다. 드디어 가슴 설레며 기다리던 그날이 찾아왔을 때, 엘자는 학교 수업이 끝나기도 전에 자전거를 타고 전속력으로 집에 도착했다. 그리고 얼마 후 놀랍게도 에릭은 특유의 미소를 머금은 채 엘자의 집으로 들어섰다. 엘자는 너무 들떠 있어서 아무것도 먹지 못했고, 가족들은 자신의 눈을 의심하며 에릭을 반겼다. 에릭이 돌아간 뒤, 그녀는 에릭의 찻잔에 남은 차의 부스러기 잎들을 봉투에 넣어 말린 후 앨범에 소중히 간직했다.

화초 가꾸는 것을 좋아했던 엘자는 집 앞뜰에 에릭 헨리 리들 이름의 앞글자인 'EHL'을 따서 국화 씨를 뿌렸는데, 에릭이 파리 올림픽에서 금메달을 획득한 다음날 아침, 놀랍게도 국화는 'EHL'의 글자를 선명하게 새기며 처음으로 꽃을 피웠다고 한다. 엘자의 집 앞뜰에 선명하게 피어난 국화꽃의 'EHL'이 무엇을 뜻하는지 잘 알고 있던 이웃들은 이 일이 결코 우연이 아니라 하나님의 섭리라는 것을 인정했다. 엘자의 순수한 행동에 에릭은 친절하게 답을 했으며, 나중에 에릭이 중국으로 가고 나서도 두 사람의 편지는 계속해서 이어졌다.

내가 유학 시절에 만난 엘자 메커흐니는 꽃 같은 십대 소녀가 아니라 백발에 주름이 가득한 일흔 중반의 할머니였다. 하지만 아직도 그녀는 원조 에릭 리들 팬클럽 회원이었으며, 영원한 우상인 에릭 리들의 열렬한 팬이었다.

"에릭을 보면서 '바로 이 사람이다. 이런 사람은 그 자신의 클럽을 가질 가치가 있고, 또한 우리는 클럽을 조직할 가치가 있다.'고 생각했어요. 그때 나는 열네 살 철부지 소녀였고, 내 행동은 요즘 사람들이 생각하는 것만큼, 뚜렷한 동기가 있었던 것은 아니었습니다. 어쩌면 사춘기 소녀의 충동적인 행동이었다고 생각하는 게 맞을 수도 있어요. 하지만 나와 내 친구들은 요즘 청소년들이 아우성을 치며 요란하게 그들의 우상에 열중하는 것과는 달리 한 인간의 인격에 이끌려 조용히 그의 이야기를 경청하고, 또 그의 바른 인생을 본받아 우리 자신들의 삶을 보다 값지게 하려는 데 의의를 두었죠."

에릭의 팬클럽은 소녀 팬들에 의해 표면적으로 나타났지만 사실은 다양한 계층의 수많은 사람들이 이미 마음속으로 그의 팬이 되어 있었다. 에릭은 하나님을 사랑하는 사람들이 살아가야 할 바른 인생이 무엇인지, 그 소망과 목표가 어떤 것인지를 분명하게 이야기함으로써 전쟁으로 깊은 좌절과 실의에 억눌려 있던 사람들에게 더 없는 위로를 선물했다.

월계관을 쓰고 금의환향한 에릭 리들

영 국 올 림 픽 대 표 팀 은

파리 올림픽경기대회가 막을 내린 다음 며칠 간 파리에 더 머물면서 '바스티유 데이 Bastille Day : 매년 7월 14일로 프랑스 혁명 기념일'를 기념하는 시가행진과 축제를 구경한 후, 영국 해협을 건너 런던의 빅토리아 역에 개선했다. 빅토리아 역에는 이들 선수들이 도착하기 몇 시간 전부터 환영 인파로 들끓기 시작했다. 드디어 선수단이 도착하자 그들을 마중 나온 군중은 선수들을 어깨 위에 태우고 런던 시가를 누비기 시작했다. 올림픽 선수들을 향한 영국 국민들의 반응은 놀랍게

뜨거웠다. 에릭 역시 한 무리의 군중 어깨 위에 실려 에든버러로 향하는 열차에 이르렀다.

뜨거운 박수 속에 출발한 열차는 하룻밤을 꼬박 새운 후 다음날 아침 에든버러 웨벌리 역Waverley Station에 도착했다. 에릭은 열차가 역 내로 들어서기 전부터 울려 퍼지는 함성 소리에 놀라 창밖을 내다보았다. 창밖에는 셀 수도 없을 만큼 많은 사람들이 모여 "에릭!"을 연호하고 있었다.

"에릭! 에릭!"

그와 함께 공부하던 대학 동료, 스포츠를 즐기던 친구들, 그리고 그가 알지 못하는 일반 시민들까지 모여 열광적으로 에릭을 환영해 주었다. 역을 가득 메운 사람들의 행렬은 어마어마했다. 웨벌리 역에서 에릭의 숙소였던 에든버러 시내 호프테라스Hope Terrace 29번지까지 줄을 지어 시가행진을 할 정도였다. 말 그대로 금의환향한 에릭은 이 엄청난 광경에 흥분을 감추지 못했다.

에릭이 에든버러에 도착하고 나서 며칠 후, 에든버러 대학 머큐언 강당에서는 그 해 졸업식이 거행될 예정이었다. 1924년 7월 17일 목요일에 거행될 졸업식은 여러 면에서 여느 해 졸업식들과는 다른 특별한 것이 기대되고 있었다. 심지어 언론에서조차 '이번에 거행될 에든버러 대학 졸업식은 다소 특별한 행사가 될 것이다.'라고 보도할 정도였다. 이들이 기대하는 특별한 행사란 영웅이 되어 돌아온 에릭 리들에 대한 이벤트를 뜻하는 말이었다.

졸업식이 거행되기 바로 전 일요일, 그러니까 7월 13일 오후, 희랍어 교수 메어 박사^{Dr. Mair}와 졸업식의 모든 행사들을 주관하게 된 한 동료 교수는 졸업식 행사에 관해 상의하기 시작했다. 이번 졸업식에 참석할 올림픽 챔피언 에릭 리들을 위해 모두가 기대하고 있는 특별한 순서를 만들기 위한 것이었다.

고대 희랍에서는 제우스신의 대제사장이 올림픽 경기 승리자의 머리 위에 야생 올리브 잎을 엮어 만든 월계관을 씌워주고 승리자를 찬양하는 시를 낭송해 주는 게 관례였다. 이에 착안하여 두 교수는 고대 희랍의 이러한 의식을 다가올 졸업식에서 재현하기로 결정하고, 우선 올리브 잎을 구하기 위해 에든버러 시내에 위치한 왕실 식물원으로 향했다. 올리브 나무는 에든버러에서 전혀 재배되지 않았다. 따라서 두 교수는 이를 상의하기 위해 왕립 식물원 원장을 찾아간 것이었다.

두 교수로부터 사정을 들은 원장은 살아 있는 올리브 잎 대신 온실에서 기르는 야생 올리브의 한 파생 종을 구해 주었다. 이제 남은 것은 에릭에게 낭송해 줄 시를 짓는 일이었다. 메어 교수는 이틀 밤을 꼬박 새워 마침내 에릭에게 선물할 시를 완성했다.

원형 지붕으로 건물의 천정을 장식하고 있는 머큐언 강당은 양조업을 하던 한 부유한 가족이 에든버러 대학에 기증한 것으로, 졸업식과 학위 시험이 주로 치러지던 곳이었다. 천정에는 문학, 예술, 그리고 과학을 상징하는 15군상이 금으로 장식된 벽면을 배경으로 그려져 있었다. 또한 벽면에는 주위 분위기에 잘 어울리는 다음과 같은 글이 새겨져 있었다.

「지혜는 만물의 으뜸이라, 그러므로 지혜를 가질지어다. 그러면 만물의 이치를 깨우치리라. 지혜를 귀히 여기라. 그러면 그도 당신에게 영광을 안겨 주리라.」

웅장하고 화려한 머큐언 강당에 마련된 단상 위로 검정색 가운을 입고 사각모를 머리 위에 쓴 졸업생들이 만면에 희색이 가득한 채 한 사람씩 올라가, 그들을 그동안 지적으로 성장시켜 주고 격려해 준 교수들과 일일이 악수를 나눈 뒤 졸업증서를 받았다. 그 졸업식에는 영국의 역사를 기술한 백과사전을 편찬한 조지 트리빌리언George M. Trevelyan, 정치 경제학자 시드니 웹 여사Mrs. Sidney Webb, 출판인 로드 맥밀런Lord Macmillan, 그리고 프레드릭 화이트 경Sir. Frederick Whyte과 오웬 씨먼 경Sir. Owen Seaman 등 당시 스코틀랜드 사회를 이끌어가던 여러 저명인사들도 함께 참석해 있었다. 하지만 그날의 주인공은 두말 할 나위도 없이 에릭 리들이었다.

"이학사理學士 미스터 에릭 헨리 리들!"

졸업생들의 이름을 일일이 호명하던 사회자에 의해 에릭의 이름이 불려진 순간, 상아탑의 고상하고 엄숙하던 분위기는 마치 육상 트랙이나 전도회장에서와 같이 함성과 박수 소리로 진동하기 시작했다.

그 자리에 있던 졸업생들과 모든 참석자들은 발을 구르며 올림픽 챔피언에게 아낌없는 격려의 박수를 보냈다. 함성과 박수 소리는 몇 분 동안이나 계속 되었으며, 여기저기서 손수건으로 눈물을 훔쳐대는 사람들도 눈에 띄었다. 잠시 후 당시 에든버러 대학 부총장이던 알프레드 유잉 경Sir. Alfred Ewing이 참석자들에게 박수를 멈춰 줄 것을 요청했으나, 부총장의 목소리는 어느새 우레 같은 함성과 박수 소리에 파묻혀 버렸다. 한참이 지나서야 부총장은 그가 며칠을 걸려 작성한 짤막한 연설을 할 수 있었다.

"미스터 리들, 당신은 그 누구도 당신을 '앞지를Pass' 수 없음을 우리에게 보여주었지만, 시험관은 당신을 '통과시킬Pass' 수 있습니다. 고대 올림픽 경기에서 승자는 올리브 잎으로 엮은 월계관과 그의 기량을 찬양하는 한 편의 시를 제사장으로부터 상으로 받았습니다. 부총장이 제사장은 아닙니다마는 당신을 자랑스럽게 여기며 당신이 새로운 영예를 안겨다 준 대학의 이름으로 메어 교수가 정성들여 만든 한 편의 시와 함께 이 월계관을 선사합니다."

유잉 부총장이 영어의 'Pass'라는 단어가 갖는 다소 상반된 두

가지 의미, 즉 '앞지르다'와 '통과시키다'를 재치 있게 사용한 짤막한 연설을 마친 후 에릭에게 월계관을 씌워 주었을 때, 머큐언 강당은 다시 한 번 박수와 함성으로 채워졌다. 환호가 그친 후 메어 교수는 그가 정성들여 만든 희랍어로 된 시를 낭송하기 시작했다.

행복하도다.
가시밭의 트랙을 꽃다발로 장식한 그대는,
머리에는 월계관을 쓰고 금의환향이라
그대는 행복한 승리자로다.
그대가 보여준 놀라운 스피드는
아직 그 누구도 자랑치 못하였네.
그대에게 이 왕관을 수여하는 우리들은 정녕 기쁘도다.
받아주오, 올림픽 승자여!
그대가 왕관을 쓰고 있는 동안은
하늘도 찌푸리지 않으리.

스코틀랜드에서 가장 바쁘고 유명한 사람

안 타 깝 게 도   에 릭 의   가 족 들 은

그가 금메달을 획득하던 감격의 순간과 인상적인 졸업식 장면을 지
켜보지 못했다. 그의 가족들은 모두 중국에서 생활하고 있었으며,
형 로버트Robert Victor Liddell도 에든버러 대학에서 의학을 전공한 후 중
국으로 건너가 의료 선교사로 이제 막 봉사를 시작하고 있었기 때문
이다. 하지만 에릭은 결코 외롭지 않았다.

졸업식이 끝나자 에릭은 머리에 월계관을 쓴 채, 동료 졸업생들

과 함께 머큐언 강당의 옆문으로 퇴장했다. 이때 문밖에서 에릭을 기다리던 한 무리의 학생들은 미리 준비해 둔 가마 위에 에릭을 태우고 머큐언 강당을 빠져나왔다. 그리고는 에든버러 대학의 '헤리어트 왓트 컬리지Heriot Watt Collage'를 거쳐 스코틀랜드의 웨스트민스터 사원이라고 불리는 '성 자일즈 대성당St. Giles Cathedral'으로 향했다. 동료 학생들이 끄는 가마를 타고, 티 없이 맑은 미소로 군중들의 환호에 답례하는 에릭의 모습은 금욕주의자들의 부자연스러운 웃음이나 대중의 찬사와 환호에 민감한 여느 인기 스타들과는 전혀 다른 느낌을 주었다.

사실 에릭은 이 같은 법석을 기꺼워하지 않았다. 그렇지만 결코 그런 내색을 남들에게 나타내지 않았다. 그는 자신과 자신의 인생을 음미하고 즐겼으며, 또한 그 방법을 잘 아는 사람처럼 행동했다.

가마 행렬이 성 자일즈 대성당에 도착했을 때, 그 일대는 환영 나온 인파들로 가득했다. 그리고 군중들은 에릭에게 짤막한 연설을 요청했다. 이에 에릭은 유서 깊은 헤리어트 왓트 컬리지의 교문 위에 새겨진 경구를 언뜻 떠올리며 즉석연설을 했다.

"펜실베이니아 대학의 교문에는 다음과 같은 글이 새겨져 있습니다. '승리의 월계관에서나 패배의 수렁에서나, 최선을 다한 자에게는 오직 영광만이 있으리!' 최선을 다했지만 승리의 월계관을 쟁취하지 못한 사람들이 있습니다. 월계관을 쟁취한 자가 누리는 영광의 반은 그들 것이며 승자와 똑같은 영광을 그들도 누려야 합니다."

에릭의 짧은 연설이 끝난 뒤, 모든 졸업생들과 교직원들은 관례대로 성 자일즈 대성당에서 그들을 4년 동안 지키고 보호해 주신 하나님께 감사 예배를 드렸다. 예배 후 에릭은 동료들이 메는 가마 위에 올라타고, 다시 졸업 기념 오찬이 열리는 곳으로 향했다. 그날의 오찬은 졸업을 기념하여 베풀어지는 에든버러 대학 졸업식 행사의 한 순서였지만, 그날의 분위기는 마치 에릭의 올림픽 경기를 기념하여 베풀어지는 연회장의 분위기와 같이, 에릭의 승리를 기념하는 축배가 여러 차례 행해졌다. 다시 즉석연설 요청을 받은 에릭은 다음과 같이 익살스럽게 서두를 꺼냄으로써 모임의 분위기를 한층 부드럽고 흥겹게 만들었다.

"여러분에게 오늘 제가 갖고 있는 신체적 결함을 우선 상기시켜 드리고 싶군요. 제가 단거리 선수가 된 이유는 조금만 뛰어도 금방 숨이 차기 때문입니다. 그러므로 저는 여러분들을 오랜 시간 제 연설에 붙잡아 두지 않을 것입니다."

에릭은 그의 익살과 유머감각을 통해 언제나 모임의 분위기를 자연스럽게 이끌었고, 사람들의 긴장을 풀어 주었다. 타협할 줄 모르는 철저한 그의 신앙으로 인해 에릭을 율법주의자나 수도자와 비슷할 거라고 오해했던 사람들은 에릭의 연설을 들으면 자신들의 선입견이 틀린 것이었음을 즉시 깨달았다.

졸업 기념 오찬이 열리고 있던 건물 밖에는 또 한 무리의 학생들이 에든버러 대학 고유의 파란 조끼를 입고 모여 있었다. 그들은 졸업 기념 오찬이 끝나자 에릭과 유잉 부총장을 건물 밖에 대기시켜 놓았던 마차에 태우고, 에든버러의 가장 중심지인 '로열 마일Royal Mile'과 '프린스 스트리트Prince Street'를 거쳐 간단한 다과 모임이 준비되어 있던 유잉 부총장의 집으로 향했다.

그날 이후 에릭은 계속해서 몇 주 동안이나 스코틀랜드 명사와 유지들이 베푸는 각종 기념행사에 참석하며 스코틀랜드에서 가장 유명하고 바쁜 사람으로 지내야만 했다.

에든버러 대학 졸업식이 끝난 후 월계관을 쓴 채 동료들이 둘러멘 가마 위에 앉아 웃고 있는 에릭 리들.
그는 스코틀랜드의 희망이었다.

모든 영광을 하나님께 돌린 사람

2

한 용맹스러운 사람이 바아헤드를 향하여 오고 있네.
올림픽 경기에 출전하여
최고의 영예를 안고 개선한
에릭 리들, 승리의 사나이여!

그가 달린 경주는 고상하여라.
'잘했다'는 주님의 상을 받기 위해 힘껏 달렸네.
바르게 달린 그에게 주님은 진정 상을 내리시네.
에릭 리들, 불굴의 사나이여!

그대는 진정 십자가의 군사라.
마귀와 맞서 싸우며
사탄의 비수에 찔려 신음하는 죄인들의 곁에 늘 함께하는
에릭 리들, 그대는 정녕 커다란 마음을 가졌도다!

1925년 봄, 바아헤드Barrhead 전도 모임에 참석한 한 소녀의 시 중에서

그리스도인에게는
"예스Yes" 아니면 "노No"뿐이다

에릭 리들은
에든버러 대학 시절 이런 글을 남겼다.

「하늘나라의 비밀을 아는 길은 오직 한 가지뿐이다. 그것은 하나님의 섭리에 완전히 순종하는 것이다. 하나님의 섭리에 순종하는 것만이 하늘나라의 신비를 알 수 있는 유일한 열쇠다. 만약 누군가 하나님이 주신 말씀을 깨달았다면 그것은 결코 '이해'에서 온 것이 아님을 나는 안다. 하나님의 말씀을 온전히 '실천'했을 때, 비로소 우리는 말씀의 깊은 뜻을 깨달을 수 있다. 모든 그리스도인들은 매일

성령님의 인도를 받으며 살아야 한다. 만약 성령님의 인도하심을
생활 속에서 느끼지 못하고 살아간다면, 인생에서 가장 중요한 것
을 놓치고 사는 것이다. "예스Yes"와 "노No", 그리스도인에게는 이
두 단어 외에 어떠한 다른 변명과 해명도 필요하지 않다.」

이 짧은 글 속에는 그의 순수한 신앙과 삶의 원칙이 고스란히
담겨 있다. 그랬다. 에릭 리들의 삶에는 언제나 두 가지 대답만 있을
뿐이었다. "네, 그렇습니다!", "네, 알겠습니다!"와 "아니오, 그렇지
않습니다!", "아니오, 그렇게 할 수 없습니다!" 그리고 이것을 결정
하는 기준은 바로 하나님의 뜻에 있었다.

에릭의 글은 계속해서 이렇게 이어진다.

「나는 늘 내 자신에게 묻는다. "너는 어떤 희생을 감수하면서라도
오직 진실만을 말하고 있니?" 내 안에 하나님이 거하신다는 것은
매일매일 나의 삶을 그분이 조종하고 계신다는 뜻이다. 나는 오직
하나님을 기쁘시게 하기 위해 살아간다. 내 인생은 그 이상도, 그
이하도 아니다. 하나님의 율법이 내 율법이 되게 하고, 하나님의 뜻
이 내 뜻이 되도록 해야 한다. 이제 나는 나의 이기심, 편안함, 즐거
움을 버려야 한다. 나의 판단력도 내 것이 아니다. 내 욕심을 위해
사물을 판단하지 않고 오직 하나님의 진리와 사랑, 그리고 정의만
이 내 새로운 판단 기준이 될 것이다. 나는 또 나에게 묻는다. "과

연 이것들이 예수님께서 말씀하시고 행하셨던 것들이니?" 그렇다면 그대로 행하자. 그렇게 해야만 하나님의 나라가 이 땅 위에 조금이라도 더 실현될 수 있을 것이다.」

에릭에게 있어서 판단의 기준은 언제나 하나님께 있었다. 하나님의 뜻을 구하고 그것을 따라가는 길이라면 그는 자신의 의지를 결코 꺾지 않았다.

에릭이 주일에는 달리지 않겠다고 말하고 나서 올림픽 100미터 예선 경기에 불참했을 때 이 종목 금메달을 떼어 놓은 당상처럼 여기고 있던 영국 국민들은 그의 결정을 경솔하고 철없는 짓으로 평가하며 배신자라고 몰아붙였다. 당시 그에게 쏟아진 비난과 조롱은 상상을 초월한 것이었다. 하지만 에릭은 단호했고 흔들림이 없었다.

그는 '주님의 안식일을 지키는 것' 오직 이 한 가지만을 생각했다. 하나님께서 자신이 주일에 다른 데 전력을 쏟는 것을 허락하지 않으신다는 걸 명확하게 알고 있었다.

나의 이기심과 편안함, 즐거움을 버리고 판단의 기준조차 포기하려 했던 에릭 리들의 단호한 신앙에는 언제나 두 가지의 대답만이 있었다. "예스!" 아니면 "노!"

지금은 고인이 된 에릭 리들의 여동생, 제니 서머빌 부인Mrs. Jenny Somerville을 생전에 만났을 때 나는 불쑥 이런 질문을 던졌다.

"저 같으면 그때 당당하게 100미터 경기에 출전해서 금메달을 딴 다음 제가 금메달을 딸 수 있도록 인도하시고 지켜 주신 하나님께 모든 영광을 돌렸을 것 같은데…… 에릭 리들이 타협하지 않고 그렇게 흔들림 없이 결단할 수 있었던 것은 어떤 이유에서였나요?"

한 동양인 유학생의 당돌한 질문에 서머빌 부인은 한참 동안 내 얼굴을 뚫어지게 바라보더니 조용히 입을 열었다.

"저는 왜 많은 사람들이 그런 생각을 하는지 이해할 수가 없어요. 오빠에게 있어서 주일을 지키는 것은 너무나 평범한 일이었으니까요. 저는 그 일에 대해 한 번도 이상하다고 생각해보지 않았어요. 우리가 자랄 때는 주일을 지킨다는 게 그토록 당연하고 소중한 일이었죠. 그런데 요즘은 마치 주일이 스포츠 행사를 위한 날인 것처럼 전락했더군요. 참 안타깝기 짝이 없고 부끄럽다는 생각이 듭니다."

나를 존중히 여기면
내가 너를 존중히 여기리라

에릭을 영웅으로 만들었던

파리 올림픽경기대회 400미터 결승 경기가 열리던 날의 일이다. 아침에 일어나 조용히 하나님 말씀을 묵상하고 숙소를 나선 에릭이 막 경기장으로 향할 무렵, 누군가 불쑥 손을 내밀었다.

"최선을 다하세요!"

그는 영국 육상 선수들의 마사지를 담당하던 안마사였다. 에릭은 그의 특유한 미소를 지으며 가볍게 악수에 응했다. 그런데 안마사는 에릭의 손에 종이쪽지 하나를 꼭 쥐어 주는 것이었다. 에릭은 조금 놀라 안마사를 쳐다보았다.

"오늘 당신의 경기를 응원하고 싶다는 생각을 했는데, 하나님께서 저에게 말씀을 주셨어요. 한 번 읽어보세요."

"경기장에 도착해서 꼭 읽어볼게요."

뜻밖의 편지를 받은 에릭은 환하게 웃으며 대답했다. 에릭은 종이쪽지를 주머니에 넣고 서둘러 경기장으로 향했다. 경기장에 도착해 탈의실에서 옷을 갈아입으며 설레는 마음으로 쪽지를 펴자, 그 위에는 이런 글이 적혀 있었다.

「구약 성경에 이런 말씀이 있습니다. "나를 존중히 여기는 자를 내가 존중히 여기리라." 최선의 결과가 있기를 진심으로 빌면서…….」

영국 올림픽 육상팀 안마사로 일하면서 에릭을 처음 만나게 된 이 사람은 평소 에릭이 보여준 넉넉한 마음과 따뜻한 사랑에 깊은 감명을 받았었다고 한다. 나중에 안마사는 당시 일을 다음과 같이 회고했다.

"우리 모두가 그랬지만 특히 저는 에릭을 무척 좋아했습니다. 그 이유는 그의 인격에 깊은 감명을 받았기 때문이죠. 에릭이 400미터 경기에 출전하던 날, 저는 에릭에게 뭔가 격려의 말을 해 줘야겠다고 생각했습니다. 다른 선수들에게 보통 하던 것과는 조금 다른 무엇인가를 해야 한다고 느꼈습니다. 그래서 저는 에릭이 100미터 경기를 포기한 일을 생각하며 제가 평소에 암송하던 사무엘상 2장 30절의 한 구절을 쪽지에 써서 에릭에게 건네주게 된 겁니다."

경기장에 들어서기 전, 짧은 성경 구절에서 에릭은 커다란 힘과 용기를 얻었다. 에릭은 이것이 안마사를 통해 말씀하시는 하나님의 음성인 것을 알 수 있었다. 하나님께서는 100미터 경기를 포기했던 에릭의 결단에 대해 '존중'이라는 단어를 사용하신 것이었다. 400미터 경기의 결과가 어떠하든 그는 우선적으로 하나님을 존중했고, 그것은 어떤 올림픽 메달보다 더 값진 것이었다.

여섯 명의 선수들이 출발 지점에 홈을 판 후, 가볍게 몸을 풀고 있을 때였다. 선수들이 잔뜩 웅크리고 있던 육상 트랙으로부터 50미터 가량 떨어진 곳에서 입장식 때 영국 선수단을 인도했던 스코틀랜드 군악대가 갑자기 입고 있던 체크무늬 치마를 휘날리며 백파이프를 연주하면서 경기장 주변을 돌기 시작했다. 군악대 지휘자였던 필립 크리스티슨 경 Sir. Philip Christison 은 당시 모습을 이렇게 표현했다.

"우리 군악대는 400미터 경기 후, 곧 이어질 폐회식을 위해 그라운드 한쪽 구석에 대기 중이었습니다. 그때 우리는 400미터에 출전하는 에릭에게 용기를 북돋아 줄 만한 무엇인가를 해야 한다고 생각했죠. 저는 즉흥적으로 군악대에 연주를 지시했고, 군악대원들도 모두 저의 의도대로 잘 따라 주었습니다."

스코틀랜드 군악대가 경기장을 한 바퀴 돌며 흥겨운 연주를 시작하자 관중들은 의아한 표정으로 이들을 쳐다봤다. 그 결과 400미터 경기에 대한 관중들의 기대가 한층 더 높아졌다. 그 사이 출발 대기선에 서 있던 에릭은 마음속으로 놀라운 평안을 경험했다. 이것 역시 하나님께서 자신에게 주시는 또 다른 신호임을 감지했다.

결국 이날 경기에서 에릭은 모든 사람들의 예상을 뒤엎고 짜릿한 승리를 맛보았다. 올림픽 경기장을 지켰던 수많은 관중과 기자들 역시 에릭의 승리를 통해 큰 감동을 받았지만 그 누구보다 벅찬 감격과 환희를 느낀 사람은 바로 에릭 리들 자신이었다. 그는 이날 승리를 통해 자신의 전 인생을 하나님 손에 완전히 맡기는 확고한 믿음을 갖게 되었다.

"나를 존중히 여기면 내가 너를 존중히 여기리라."

하나님의 약속은 그렇게 철저하게 에릭의 삶 속에서 실현되고 있었다.

모든 사람에게 겸손하고 솔직하게

에릭은 한 번도

대중들의 환호와 아첨에 자신을 내맡기는 어리석음을 범하지 않았다. 어쩌면 오히려 이런 인기를 거추장스럽게 생각했는지도 모른다. 사람들로부터 사랑받고 인정받고자 하는 욕구가 없었다는 것은 그가 평범한 사람들의 생각으로부터 벗어나 있었다는 것을 뜻한다. 보다 정확하게 표현하자면 사람들은 물론이고 그 어떤 것도 뚫고 들어올 틈이 없을 만큼 강력하게 하나님의 인도하심을 따라 사는 인생을 추구했다는 뜻이 된다. 그러나 놀랍게도 이런 그의 신앙 태도는 다른 사람들에게 '교만'과 '아집'으로 보이지 않고 '겸손'과 '솔직함'이라는 아름다운 모습으로 드러났다.

에릭의 이런 성품에 대해 에든버러 대학 동료였던 친구들은 이렇게 고백한다.

"에릭은 참 놀라운 사람이에요. 자기 자신이 우리 세대에서 가장 유명한 스코틀랜드인이라는 사실을 전혀 모르고 있는 것 같았어요. 그건 우리가 흉내 낼 수 있는 연기가 아니었죠. 한번은 저녁식사후 에릭과 함께 학교 주위를 산책하면서, 다가올 스코틀랜드 4개 대학 간의 육상선수권대회에 대해 이야기하고 있었습니다. 특히 그 대회의 꽃이라고 할 수 있는 110야드에서 누가 우승할 것인가에 대해 진지하게 의견을 나누었죠.

그런데 에릭은 정말로 강렬한 인상을 남겨 줬습니다. 마치 자기는 그 대회에 참가하지 않는 사람처럼, 110야드의 가장 유력한 우승후보가 자신이라는 사실을 완전히 무시한 채 이야기를 하고 있었습니다. 나머지 참가 선수들과 자기 자신을 모두 객관화해서 마치 어느 한 관중이 선수들을 놓고 얘기하듯이 너무나도 솔직하고 겸손하게 말하고 있었습니다. 그것은 아주 특별한 경험이었어요. 저는 태어나서 단 한 번도 그날 밤 만났던 에릭처럼 겸손한 사람을 본 적이 없습니다. 순수했던 그와의 대화는 지금까지도 제 가슴을 설레게 만듭니다. 이런 기억은 앞으로도 마찬가지일 겁니다. 나는 에릭을 겸손하고 솔직한 사람으로 기억하고 있고, 이 사실은 앞으로도 변함이 없을 것이며, 제 남은 인생 중에 또 다른 누구에게 이런 인상을 받을 수 있으리라고는 기대하고 있지 않습니다."

에릭은 자기 스스로를 특별한 사람이라고 여기지 않았다. 그는 가슴속에 자기 자신을 객관화하는 특별한 힘이 있었는데, 이것은 철저하게 하나님을 우선으로 하는 순종의 삶에서 기인하는 것이었다. 그것은 대화의 기교를 통해 만들어 낼 수 있는 기술이 아니었다. 언제나 나 자신을 나의 잣대나 판단의 기준으로 평가하지 않았고, 살아계신 하나님의 사랑과 말씀으로 판단하려 했기 때문에 가능한 일이었다.

에릭 리들의 맏딸 퍼트리셔Patricia는 자신의 어머니로부터 이런 이야기를 들은 적이 있다고 한다.

"한번은 큰 육상대회가 끝나고 나서, 수십 명의 기자들이 승리한 아버지를 인터뷰하기 위해 한 기차역에서 기다리고 있었다고 해요. 아버지는 기차를 타려고 역으로 가까이 왔고 아주 멀리서도 웅성대며 기다리는 사람들이 누구를 기다리고 있는 것인지 알 수 있었다고 합니다. 저 같았으면 손을 흔들며 그 앞에 당당하고 멋있게 나섰을 것 같은데 아버지는 그러지 않으셨죠. 뜻밖에도 역 내에서 짐을 날라 주는 사람에게 모자와 손수레를 빌려 자기의 짐을 직접 손수레에 얹고 모자를 푹 눌러쓴 채 그곳을 빠져나왔다고 합니다. 결국 기자들은 자신들 사이로 유유히 빠져나가는 아버지를 보면서도 그가 에릭 리들임을 알아채지 못했다고 합니다. 모자와 수레를 빌려주고 팁을 받은 짐꾼만 홀로 즐거워했다고 합니다."

마치 영화의 한 장면 같은 이 일화는 요즘 인기 연예인들에게서나 있을 법한 얘기가 아닐까? 에릭은 자신의 승리를 사람들 앞에서 자랑하는 것을 기뻐하지 않았다. 너무도 철저하게 승리의 이유가 하나님께 있다는 것을 알고 있었기 때문에 자신을 칭찬하는 사람들 앞에 서는 것을 피해 다녔다. 에릭이 뚜렷한 목표를 위해 겸손과 솔직함으로 일관된 삶을 살았다는 것은 그가 누릴 수 있었던 엄청난 인기에 비추어 볼 때 결코 쉬운 일은 아니었을 것이다.

오늘날 우리는 보다 많은 사람들에게 칭찬받고 인정받기를 원한다. 무대 위에서 주인공이 되어 스포트라이트를 받으며 살아가기를 꿈꾼다. 하지만 에릭 리들은 그렇지 않았다. 자신을 둘러싼 수많은 사람들 사이에서도 언제나 하나님을 먼저 바라봤다. 그리고 겸손하게 무릎을 꿇었다. 최고의 자리에 올랐지만 그의 가슴에 살아 있는 순박한 인간미는 어쩌면 겸손 그 이상의 아름다운 성품이었는지도 모른다.

바쁠수록 더욱 주님께 매달려라

에 릭 의   운 동   실 력 은

어렸을 때부터 사람들의 주목을 끌기에 충분했다. 그는 달리기에서
뿐 아니라 다양한 종목에서 탁월한 재질을 발휘했으며, 학업에 있어
서도 최선을 다하는 학생이었다. 고등학생 시절, 에릭은 학과목 이
외에 학교에서 진행된 성경공부 모임에도 빠짐없이 참석했는데, 이
모임은 아무도 출석을 강요하지 않는 자율적인 모임이었다.

성경공부는 우선 교장 선생님이 성경 강해를 하고 나서 모든 참
석자들이 그것에 관해 토론하는 방식으로 진행되었다. 에릭은 언제

나 조용히 들어와서 자기가 좋아하는 자리를 찾아 말없이 앉아 있었다. 다른 사람의 토론 내용에 동의할 때 고개를 끄덕이는 것이나 살며시 미소를 지어 보이는 것이 에릭이 이 모임에서 보여준 행동의 전부였다. 그는 한 번도 토론에 적극적으로 참여한 적이 없었다. 그래서 때때로 몇몇 친구들은 그가 오늘 모임에 참석했었는지 의심하기도 했다. 모임이 끝나면 에릭은 조용히 자신의 방으로 돌아가 모임에서 들었던 내용들을 정리하거나 곰곰이 자신의 생각을 가다듬곤 했다.

에릭과 그의 친형 로버트는 해외 선교사들의 활동에 대해 관심이 많았다. 그래서 학교 도서관에 비치되어 있던 선교 소식지들을 빠짐없이 찾아 첫 장부터 끝장까지 꼼꼼하게 읽었다. 그 중에서도 중국 톈진의 '영중기독교학교Anglo-Chinese Christian College, 英中基督敎學校' 에서 간행되는 선교 잡지를 가장 즐겨 읽었다. 중국 톈진은 에릭과 로버트의 출생지이기도 했다. 이 잡지는 에릭의 중국에 대한 호기심을 채워 줌과 동시에, 멀리 떨어져 중국에서 생활하는 부모님들을 더 가까이 느낄 수 있게 만들어 주는 귀중한 자료였다.

1922년 초부터 스코틀랜드에서는 대규모의 기독교복음운동이 일어나기 시작했다. 이 운동을 주도한 사람들은 주로 대학생들과 제1차 세계대전에 참가했던 젊은 신앙인들이었는데, 시간이 지날수록 이 운동은 교파를 초월하여 점점 확산되고 있었다.

1920년대에는 참혹한 전쟁 후유증으로 인해 실의와 좌절에 빠진 사람들이 많았으며, 신앙을 버리고 교회로부터 발걸음을 끊는 사람들도 늘어만 갔다. 복음운동에 앞장선 젊은 신앙인들은 방방곡곡을 찾아다니며 이들에게 하나님 말씀을 전하는 일에 몰두했다.

그 무렵 한 무리의 글라스고우 대학생들이 아머데일이라는 공업도시에 모여 전도 활동을 하고 있었다. 이들의 목표는 교회를 멀리하고 있는 성인 남자들, 특히 고된 노동 후에 술을 마시고, 떠들며, 도박을 하거나 토요일마다 열리는 축구와 럭비 경기를 즐기는 단순 노동자들에게 복음을 전해 하나님을 믿도록 하는 것이었다. 하지만 아무리 머리를 맞대도 이들을 전도할 효과적인 방법이 떠오르지 않았다. 그때 데이비드 톰슨David Thomson이 유명한 육상 선수이자 럭비 선수인 에릭 리들을 초청해서 집회를 갖는 게 어떻겠느냐고 제안했다. 에릭 리들이 와 준다면 많은 사람들을 모으는 것은 어렵지 않은 일이고, 그의 감동적인 연설을 통해 사람들이 쉽게 마음을 열수 있을 거라 생각했기 때문이었다.

데이비드 톰슨은 이미 청년복음운동에 뛰어들어 적극적으로 활동하고 있던 에릭의 형 로버트를 잘 알고 있었다. 하지만 에릭을 직접 만난 적은 한 번도 없었다. 대학생들은 에릭 리들을 만나 집회에 참석해 줄 것을 요청하기 위해 아머데일에서 에든버러까지 무전여행 전문가로 소문이 나 있던 데이비드 톰슨을 보내기로 결정하였다. 데이비드 톰슨은 자기 특기를 십분 발휘하여 기름 냄새가 진동하는 화물 트럭을 얻어 타고 에든버러로 향했다.

'만약 전도 모임에 에릭이 나타난다면 더 많은 젊은이들이 모일 수 있을 거야.'

이 한 가지 소망만을 가지고 무작정 에릭 리들을 찾아 나선 데이비드 톰슨은 에든버러에 도착하자 혹시 에릭에게 거절을 당하면 어쩌나 하는 두려운 마음이 생겼다. 당시 최고의 인기를 누리던 에릭은 학업과 운동을 병행하기 위해 너무나도 바쁜 삶을 살고 있었다. 그런 그가 하찮은 전도 모임에 와 줄 것인가가 의문이었다.

데이비드 톰슨은 기숙사를 찾아 에릭의 방을 노크했고 문이 열렸을 때 자기 앞에 서 있는 사람이 에릭이라는 것에 놀라지 않을 수 없었다. 유명한 육상 선수로 잘 알려져 있던 에릭이 자신의 상상과는 달리 너무나도 소박하고 천진한 미소로 자신을 맞이해 주었기 때문이다.

그는 조리 있고 차분하게 자신이 에릭을 찾아온 목적을 이야기했고, 에릭은 그의 말을 묵묵히 경청했다. 데이비드 톰슨이 이야기를 끝내자 에릭은 고개를 떨구고, 팔짱을 낀 채 혼자 골똘히 뭔가를 생각했다. 어색하고 긴장된 잠시 동안의 침묵이 흐른 뒤 에릭은 환한 미소를 지으며 "오케이, 그렇게 하죠. 가겠습니다!"라고 대답했다. 너무도 흔쾌한 에릭의 승낙에 데이비드 톰슨은 놀라지 않을 수 없었다.

그날 이후 에릭 리들과 데이비드 톰슨은 특별한 우정을 나누게 된다. 데이비드 톰슨의 제안이 있는 곳이라면, 에릭은 아무리 바쁘고 피곤한 일정 가운데서도 전도 집회에 참여하기 위해 최대한 노력했다. 그리고 이런 에릭의 연설을 통해 많은 젊은이들이 감동을 받고, 믿음을 회복했으며, 선교사가 되기 위해 헌신했다. 에릭이 참석한 집회에서 200명 가까운 사람들이 성직자가 되기로 결단했으며, 수십 명의 젊은이들이 해외 선교사로 떠날 것을 서원했고, 수많은 비그리스도인들이 주님을 영접하기로 고백했다.

에릭은 종종 자기 인생을 바꿔 놓은 데이비드 톰슨과의 첫 만남을 회상하며 먼 길을 마다하지 않고 자신을 찾아와 준 사실에 감사했다. 데이비드 톰슨 또한 그런 감사 인사를 들을 때마다 자신을 훌륭한 신앙인인 에릭 리들과 만나게 해 주신 하나님께 감사를 드렸다. 에릭과 데이비드 톰슨은 그 만남 이후 스코틀랜드는 물론, 잉글랜드와 웨일스, 그리고 아일랜드를 누비며 전도 여행을 다녔다. 이들은 하나님 안에서 평생 동안 소중한 친구이자 형제가 되었다.

1920년대 스코틀랜드의 슈퍼스타였던 에릭 리들의 이와 같은 전도 활동에 대해 언론에서는 많은 격려와 찬사가 있었다. 하지만 일부에서는 에릭이 전도 활동으로 인해 육상 훈련을 등한시하는 것이 아니냐는 비난도 있었다. 올림픽을 앞두고 유력한 금메달 후보였던 에릭이 혹시라도 연습 부족이나 지나친 피로로 인해 저조한 기록을 낼까 우려했던 것이다. 그러나 이것은 모두 부질없는 걱정에 불과했다.

후에 에릭 리들 자신이 고백한 적이 있지만 그는 이런 전도 집회 이후 엄청난 변화를 경험하게 된다. 바쁠수록 더욱 주님을 의지하며 복음을 증거했던 에릭은 이전보다 훨씬 강력하고, 더 신비스러운 영감을 얻게 되었으며, 트랙에서도 계속해서 새로운 육상 기록을 만들어 나갈 수 있었다.

믿어지지 않는 육상 선수의 성적표

파 리   올 림 픽 의

최고 영웅이 되어 스코틀랜드로 돌아온 지 일주일 만인 7월 19일 토요일, 에릭 리들은 육상 트랙에 다시 모습을 드러냈다. 그는 영국 올림픽 육상팀의 일원이었기 때문에 올림픽위원회의 요청이 있을 경우 어떤 경기든 참가해야만 했다. 그날 경기는 런던 스탬포드 브리지 경기장에서 열린 영국과 미국 올림픽 육상팀 간의 친선 경기였다.

올림픽 열기가 채 가시기 전에 열린 경기라 그런지 평소 주말보다 더 많은 관중이 모여들었다. 이날 경기에서 가장 관심이 모아진 경기는 네 명의 선수가 각각 400미터씩 달리는 1600미터 계주 경기였다. 파리 올림픽경기대회에서 세계 타이기록을 세우며 이 부문 금메달을 차지했던 미국은 승리에 대한 자신감으로 가득 차 있었다. 반면에 영국 계주팀은 간발의 차이로 스웨덴에 이어 동메달을 획득했던 종목이라 자신감이 많이 떨어져 있었다.

파리 올림픽경기대회에서는 1600미터 계주 경기가 일요일에 개최되었기 때문에 에릭 리들은 경기에 참가하지 않았었다. 하지만 그날 런던에서 열린 친선 경기는 토요일에 개최된 터라 에릭이 부담 없이 출전할 수 있었던 것이다. 영국육상연맹은 에릭에게 영국 계주팀 선수 중 가장 기록이 저조했던 조지 렌위크George Renwick를 대신해서 달릴 것을 지시했다. 이 소식을 들은 미국은 에릭의 출전에 대비해 가장 빠른 선수들로 계주팀을 다시 구성했다.

드디어 경기가 시작되었다. 에릭은 맨 마지막 주자였기 때문에 다른 선수들의 경기를 지켜보며 초조한 마음으로 자신의 순서를 기다렸다. 이미 미국팀과 영국팀 선수는 엄청난 거리를 두고 떨어져 있었다. 에릭이 세 번째 주자로부터 바통을 이어받았을 때 미국의 마지막 주자인 호레이셔우 피치는 에릭보다 6야드나 앞서 달리고 있었다.

에릭이 달려야 할 구간은 400미터였는데, 처음 바통을 이어받은 뒤 100미터까지는 앞 선수와의 간격을 좁히지 못했다. 하지만 200미터 구간을 통과할 무렵, 에릭은 2야드 정도로 그 차이를 좁혔다. 관중들은 다시 한 번 파리 올림픽의 신화를 생각하며 열띤 응원을 펼쳐 나갔다. 드디어 결승점까지 100미터만을 남겨두고 있을 때 에릭은 자신만의 특별한 폼을 보여주며 마지막 힘을 다해 전력질주하기 시작했다. 이윽고 에릭의 놀라운 스피드는 순식간에 호레이셔우를 따라잡았고, 결국 호레이셔우와의 간격을 4야드로 벌린 채 결승점을 먼저 통과함으로써 영국 계주팀에게 대역전승의 기쁨을 안겨 주었다.

바로 전날까지 이어졌던 축하 모임과 빡빡한 일정, 그리고 에든버러에서 런던까지 이동하기 위해 야간열차에서 꼬박 밤을 새웠던 것을 생각한다면 에릭이 이날 보여준 경기는 그의 올림픽 금메달에 이은 또 하나의 기적이었다. 게다가 이 경기가 주는 의미는 특별했다. 에릭이 400미터에서 올림픽 금메달을 획득했음에도 불구하고 그의 실력을 의심하던 일부 사람들의 생각을 확실하게 고쳐 주었기 때문이다.

모든 일에 최선을 다하는 것이 그리스도인의 삶의 자세이며, 자신이 할 수 있는 일임에도 불구하고 한 가지라도 소홀한 것은 하나님께 영광이 되지 못한다고 생각했던 에릭은 육상에서 뿐만 아니라 공부에서도 깜짝 놀랄 결과를 보여주었다. 보통 대학생들이 자기가 하고자만 하면 자기의 모든 시간과 노력을 학업에만 쏟을 수 있었던 것에 비해 에릭은 결코 그럴 수가 없었다. 육상 경기를 비롯한 여러 스포츠 활동과 전도 활동에 자신의 시간을 쪼개야 했기 때문이다. 그럼에도 불구하고 그는 자신의 전공인 순수과학에 대한 공부를 결코 게을리 하지 않았다.

에릭의 에든버러 대학 시절 성적표를 살펴보면 대학생이 된 첫해인 1920년에서 1921년도에 무기화학 점수가 94점, 수학 점수가 83점이었다. 입학한 지 채 몇 달이 안 되어 육상 선수로서의 삶을 시작한 에릭이 이 정도 점수를 받았다는 것은 놀라운 일이었다. 그 다음 해에는 두 과목에서 학과 수석을 차지했고, 3학년 때는 한 과목에서 90점의 성적을 받아 학과 전체를 통틀어 최고 점수의 영광을 누리기도 했다.

에릭이 4학년 마지막 학기를 보냈던 1924년은 올림픽이 열린 해였다. 장기간의 훈련과 머나먼 파리로의 경기 출전으로 에릭은 더욱 바쁜 나날을 보내야 했고 성적도 어느 정도 영향을 받을 수밖에 없었다. 하지만 한 과목도 문제가 생길 만큼 낮은 점수를 받지는 않았다. 체육을 전공하는 특기생이 아닌, 순수과학을 공부하는 공학도로서 에릭은 자신의 성적에 대해 또 다른 기적을 보여준 셈이다. 에릭의 성적표는 학과 공부만 했다고 해도 믿을 만큼 자랑할 만한 수준이었으며, 대학 대표 선수로서 뿐만 아니라, 국가 대표 선수로 활동한 사람의 성적표라고는 믿기지 않을 만큼 대단한 것이었다.

주님 앞에 결심한 것은 반드시 지킨다

올 림 픽 금 메 달 리 스 트 로 서

에릭은 거의 매일 각종 기념행사와 파티에 참석해야 했다. 그를 초대한 사람들은 에든버러와 스코틀랜드를 대표하는 여러 기관과 종교단체였다. 그러던 어느 날, 에릭은 한 축하 모임에서 모든 사람들을 깜짝 놀라게 할 만한 충격적인 소식을 알렸다. 런던 스탬포드 브리지 경기장에서 있었던 인상적인 1600미터 릴레이 경기가 끝난 뒤, 일주일이 지난 금요일 저녁이었다.

　이날 행사는 에릭의 모범적인 행동과 신앙을 아끼며 존경하던

120명의 스코틀랜드 저명인사들이 마련한 만찬이었는데, 분위기가 한창 무르익었을 즈음 에릭은 여느 때와 마찬가지로 연설 요청을 받고 식탁 한가운데 위치한 마이크를 향해 걸어 나갔다.

마이크 앞에 선 에릭은 처음 파우더 홀에서 코치인 톰 맥커처를 만났을 때 이야기를 꺼내며 그 특유의 익살스러움을 보여주었다. 에릭은 자신이 참가했던 모든 경기의 감격과 승리의 영광을 코치인 톰 맥커처에게 돌렸다. 승리의 영광을 자신의 코치에게 돌리는 아름다운 연설을 듣고 사람들은 에릭과 그의 코치 톰에게 아낌없이 큰 박수를 쏟아 부었다. 그런데 박수가 그치고 나서도 에릭은 마이크를 떠나 자기 자리로 돌아오지 않고 뭔가 할 말이 있는 것처럼 머뭇거렸다. 좌중은 웅성거리기 시작했고 에릭은 드디어 입을 열었다.

"다시 한 번 여러분의 호의와 친절에 감사를 드립니다. 오늘 저에게 베풀어 주신 이 자리를 영원히 잊지 않겠습니다. 하지만 제가 지금 꼭 말씀드려야 할 것이 있습니다."

사람들은 호기심이 가득한 눈으로 에릭을 쳐다보았다. 평소와 다를 것이 없어 보이는 에릭이, 그것도 어눌하지만 솔직하고 당당한 언변으로 좌중을 흔드는 에릭이 이처럼 힘들게 말을 꺼내는 것이 조금은 의아했기 때문이었다. 하지만 에릭의 그 다음 말은 아무도 예상하지 못했던 폭탄선언이나 다름없었다.

"여러분, 육상은 저의 직업이 아닙니다. 저에게 달릴 수 있는 기회가 왔고, 저 또한 최선을 다해 달렸습니다. 그렇지만 저는 한 번도 육상 선수로 살아가는 것을 목표로 해 본 적이 없습니다. 육상은 단지 제가 아주 오래 전부터 하고자 했던 일을 하기 위한, 그것을 준비하는 과정에서의 한 훈련이었습니다."

사람들은 침묵했고, 누군가는 침을 삼켰다. 에릭은 육상 선수로서 당대 최고의 자리에 올라 있었다. 그는 지금의 영광을 충분히 누릴 자격이 있었음에도 불구하고 그렇지 않다고 말하고 있는 것이었다.

"제 삶의 목표는 중국 선교입니다. 저는 오랫동안 이것을 위해 기도해 왔고 이미 하나님께 약속한 일입니다. 중국에서 선교사로 활동하기 위한 훈련 과정의 하나로 저는 육상을 선택했습니다. 그러나 이제 때가 다가온 것을 느낍니다. 앞으로 중국의 젊은이들에게 복음을 전하고, 또 그들을 가르치기 위해 스코틀랜드를 떠날 때까지, 저의 모든 시간과 정력을 다 바쳐 그에 대비한 훈련을 쌓으려고 합니다. 이 일에 여러분들의 많은 협조와 격려가 있기를 부탁드립니다."

에릭의 연설은 계속 이어졌다. 에릭은 자신이 중국 톈진에서 태어났다는 것과 앞으로 톈진의 영중기독교학교에서 과학과 체육을 가르치는 교사로 일하게 되었다는 사실을 발표했다. 사람들은 예상치 못한 그의 결단에 놀라움을 금치 못했다. 하지만 확고한 그의 신념을 이미 알고 있었기에 또 한 번 뜨거운 격려의 박수를 보내며, 삶의 목표를 향해 전진해 나가는 에릭에게 아낌없는 용기를 실어 주었다.

에릭은 바쁜 일정 가운데에서도 하나님과의 약속을 지키기 위해 중국 톈진에서의 선교 활동을 준비해 왔다. 에든버러 대학에 입학해 순수과학을 공부한 것도 영중기독교학교에서 과학 교사가 되기 위한 준비 과정이었기 때문에 더 이상 망설임도 필요 없었다. 그러나 그동안 생각했던 것보다 너무 많은 시간을 육상 경기에 투자한 탓에 선교사로서 필요한 공부는 그때부터 본격적으로 시작해야 했다. 에릭은 중국으로 가면 과학과 체육을 가르치는 것 외에도 주일학교를 운영하는 등 다양한 활동을 해야 했으며, 학교 안에서 이루어지는 성경공부나 전도 활동 등도 모두 에릭의 몫이었다. 따라서 에릭은 정식으로 신학을 공부해야 할 필요성을 절감했고, 그런 이유로 톈진의 선교사 학교에 1년 동안 부임 연기를 요청한 뒤, 그동안 에든버러의 회중신학교Congregational College에서 신학을 공부할 계획이었다.

그토록 소란스러웠던 올림픽과 그 후의 모든 행사들은 이날의 연설로 막을 내렸다. 에릭은 자기가 주님 앞에서 결심한 바를 조금도 흔들림 없이 실행했으며, 올림픽 금메달의 화려함에 대해서도 전혀 미련을 갖지 않았다. 영웅을 곁에 두고 싶어 하는 간절한 스코틀랜드인들의 열망도 그를 붙잡을 수는 없었다. 그의 앞에 찬란하게 보장되어 있던 수많은 경제적, 사회적, 정치적인 모든 유혹도 그에게는 아무 소용이 없는 것들이었다.

　당시 영국을 비롯한 미국, 캐나다, 호주 등 영어권에 속한 교회에서 행해진 설교 중 가장 자주 인용된 사례의 장본인은 바로 에릭 리들이었다. 그는 모범적인 신앙인의 적절한 사례였으며, 말 그대로 살아 있는 신화였기 때문이다. 사실 에릭은 스코틀랜드의 기독교에서도 절대적으로 필요한 존재였다. 그의 이름만으로도 많은 젊은 이들에게 커다란 영향을 주었으며, 그가 연사로 등장하는 모임에는 항상 수많은 청중들로 가득 찼기 때문이다. 그러나 에릭이 머물 곳은 고향이나 조국이 아니라 이역만리 중국 땅이었다.

　스코틀랜드의 대학생 복음운동을 이끌던 데이비드 톰슨을 비롯한 많은 동료들은 에릭에게 중국으로 가지 말고, 스코틀랜드에 남아 자신들과 함께 복음 전파를 위해 더 일해 줄 것을 간곡하게 요청했다. 에릭은 그들에게 놓치기 아까운 귀중한 존재였다. 어쩌면 이것은 세상의 유혹과는 다른, 교회와 하나님의 나라를 앞세운 신앙적 설득이었는지도 모른다. 하지만 에릭 리들은 올림픽을 앞두고 "저는 주일에는 달리지 않습니다!"라고 결연함을 보여준 것과 같이, 중국에서 선교사로 평생을 일하고자 하는 결심에 조금도 흔들림이 없었다. 에릭의 철저한 신앙적 결단은 그리스도인으로서 단연 금메달감이었으며, 그 금메달은 천국에서 하나님으로부터 그의 목에 걸려질 천상의 상급이었다.

해야 할 가치가 있는 일은
잘해야 할 가치도 있다

에 든 버 러 대 학 을 졸 업 하 고

중국으로 떠나기까지 약 1년 동안 에릭은 예정대로 회중신학교에서
신학을 공부하며 시간을 보냈다. 평일에는 대부분 회중신학교에서
공부를 하며 보냈고, 주말에는 에든버러 대학 시절에 했던 것처럼
전도 활동을 하며 육상 경기에 참가했다.

에릭이 전도 집회에 참가한다는 소문이 나면 곧바로 많은 사람
들이 모여들었으며, 뜨거운 분위기 속에 엄청난 결단과 헌신이 이어
졌다. 이런 사실을 잘 알고 있던 에릭은 할 수 있는 한 최선을 다해

모든 전도 모임에 참가하기 위해 노력했다.

1925년 봄, 글라스고우 근교에 있는 바아헤드에서 개최한 한 전도 모임에 에릭이 참석했다. 이곳에서 연설하는 에릭을 보고 감동한 한 소녀는 이날의 감동을 담아 시를 썼고, 그 시는 현지 신문에 게재되었다.

한 용맹스러운 사람이 바아헤드를 향하여 오고 있네.
올림픽 경기에 출전하여
최고의 영예를 안고 개선한
에릭 리들, 승리의 사나이여!

그가 달린 경주는 고상하여라.
'잘했다'는 주님의 상을 받기 위해 힘껏 달렸네.
바르게 달린 그에게 주님은 진정 상을 내리시네.
에릭 리들, 불굴의 사나이여!

그대는 진정 십자가의 군사라.
마귀와 맞서 싸우며
사탄의 비수에 찔려 신음하는 죄인들의 곁에 늘 함께하는
에릭 리들, 그대는 정녕 커다란 마음을 가졌도다!

스코틀랜드 언론들은 에릭의 전도 활동에 대해 깊은 관심을 표

시하면서, 그가 전도 모임에서 연설을 할 때마다 그 내용을 취재해 신문에 자세히 보도했다. 특히 에릭은 자기 또래의 젊은이들을 대상으로 하늘나라의 진리를 전파하는 데 주력했다.

가는 곳마다 화제를 만들고 진기록을 세웠던 에릭은 한 전도 집회에서 또 한 번 깨지기 어려운 진기록을 수립했다. 그것은 얼마 뒤 스코틀랜드에서 가장 큰 실내 강당인 어셔 홀Usher Hall에서 열렸던 집회에 대한 것이었다.

에릭이 어셔 홀에서 전도 집회를 한다는 소문이 나면서 많은 청중들이 이곳으로 운집했다. 이날의 집회는 에릭이 스코틀랜드 젊은이들을 위해 가졌던 일련의 전도 집회 중 가장 마지막 순서였는데, 늦은 저녁 시간에 마련됐음에도 불구하고 수많은 사람들이 모여들었다. 에릭의 마지막 집회에 참석하기 위해 스코틀랜드와 영국 등 전역에서 모여든 사람들의 수는 수천을 헤아렸으며, 힘겹게 찾아왔지만 들어갈 자리가 없어 많은 사람들이 어셔 홀 주위의 교회에서 특별 집회를 기다려야 했다. 그런데 인근 교회에서의 특별 집회도 사람들로 장사진을 이뤄 할 수 없이 수백 명의 사람들은 그냥 발길을 돌려야만 했다.

웅장한 어셔 홀을 이처럼 많은 청중들로 메우게 한 사람은 이 건물이 건축된 이후 에릭이 처음이었다고 한다. 그리고 그 후에도 어셔 홀은 이와 같이 많은 청중들로 메워진 적이 없었다고 한다. 그

만큼 에릭은 그 시대 젊은이들의 우상이었다. 세상의 사람들처럼 인기로 채워진 팬들이 아니라 하나님을 사랑하고 주님의 말씀에 순종하고자 하는 젊은이들의 놀라운 행렬이었던 것이다. 에릭의 신앙 간증과 연설은 젊은이들을 매료시켰으며, 이들에게 삶에 대한 희망과 도전, 그리고 비전을 심어 주기에 충분했다.

에릭은 수많은 인파를 몰고 다니는 대규모 전도 집회를 하면서도 신학 공부를 게을리 하지 않았으며, 육상 경기에도 틈나는 대로 참가했다. 올림픽 경기 이후 에릭이 주로 참가한 경기는 자선 경기였는데, 그가 스코틀랜드에서 마지막으로 참가한 공식 경기는 1925년 7월 27일, 토요일에 있었다.

이 경기는 글라스고우의 햄턴 공원 경기장에서 열린 경기로 스코틀랜드 아마추어 육상선수권대회였다. 에릭 리들의 고별 경기가 열린다는 소식을 듣고 이곳에도 역시 엄청난 관중들이 찾아들었다. 이제 곧 스코틀랜드를 떠나 중국 선교사가 될 에릭이 조국 땅에서 마지막으로 달리는 모습을 보기 위해 그의 팬들이 구름처럼 몰려든 것이다.

이날 햄턴 공원 경기장에 모여든 관중 수는 무려 12000여 명에 이르렀는데, 마찬가지로 많은 사람들이 표를 사지 못해 아쉬운 발길을 돌려야 했다. 대회에서 에릭은 관중들의 기대에 부응하듯 100야드, 220야드, 그리고 400야드 경주를 모두 석권하며 우승했다. 바쁜 일과 중에서도 변함없는 실력을 유지하며 승리자의 자리에 우뚝 선 에릭을 향해 관중들은 뜨거운 갈채를 보냈다. 아니 어쩌면 조금은 고생스러울 수도 있는 힘겨운 선교사의 삶을 살아가게 될 에릭에게 보내는 격려의 박수였는지도 모른다. 경기를 모두 마치고 시상식이 이어질 때 관중들은 누가 먼저랄 것도 없이 한 목소리로 에릭의 이름을 부르기 시작했다.

"에릭! 에릭! 에릭!"

좀처럼 끝날 것 같지 않은 관중들의 뜨거운 함성에 의해 에릭은 다시 한 번 관중들 앞에 나와 섰다. 그리고 그들이 그렇게도 간절히 원하던 눈물의 고별사를 시작했다.

"제 인생의 신조는 한 가지입니다. 해야 할 가치가 있는 일은, 또 잘해야 할 가치도 있다는 것입니다. 저의 삶에 하나님께서 하기 원하셨던, 할 만한 가치가 있는 일들에 대해 저는 잘해야 할 가치를 두고 최선을 다했습니다. 그렇지만 육상 경기에 대한 저의 일은 여기까지입니다. 저는 이제 정들었던 육상 트랙을 떠납니다."

인생의 클라이맥스에서
하나님을 먼저 생각하다

파 리 올 림 픽 시 상 식 이

모두 끝난 뒤 영국 올림픽위원회 관계자들은 조국에 금메달의 영광
을 안긴 에릭을 위해 성대한 축하 파티를 마련했다. 하지만 에릭은
그의 손을 잡아끄는 사람들을 잠시 기다리게 한 후 탈의실에 들어가
제일 먼저 하나님 앞에 무릎을 꿇었다. 그리고 모든 불리한 여건들
을 잘 극복하고 승리할 수 있게 이끌어 주신 하나님께 감사 기도를
드렸다. 기도가 끝나자마자 사람들은 다시 에릭을 채근했다.

"에릭, 자 이제 우리와 함께 가세. 우리가 자네를 위해 특별한 파티를 준비했네."

그러나 에릭은 고개를 저으며 대답했다.

"고맙습니다. 그런데 제가 시간이 좀 필요합니다. 이번 주일에 교회에서 있을 연설 준비를 해야 하거든요. 오늘까지 연습을 하느라 미처 준비를 하지 못했어요. 죄송합니다."

에릭은 이렇게 말하고 나서 급히 숙소로 돌아와 다음 주일 스코츠 커크 교회에서 예정되어 있는 연설 준비를 했다. 지난 주일 100미터 예선 경기가 치러지던 날 에릭이 연설을 했던 바로 그 교회에서 다시 한 번 연설 요청을 받았기 때문이었다. 그는 금메달을 딴 감격과 흥분이 채 가시기도 전에 샴페인을 먼저 터뜨린 게 아니라 조용히 홀로 책상에 앉아 교인들과 함께 나눌 은혜의 말씀에 몰입했던 것이다. 에릭에게 있어 삶의 우선순위와 가치가 어디에 있는지를 잘 보여주는 장면이다.

에릭은 가장 감격스러운 순간에 하나님 앞에 순종할 줄 아는 철저한 신앙인이었다. 에릭이 올림픽에서 놀라운 승리를 이루어냈을 때, 그의 인생 앞에는 보증수표처럼 약속된 부와 명예가 기다리고 있었다. 그가 선택만 한다면 이 모든 게 다 그의 것이었다. 그는 누구보다 편안하고 화려한 인생을 살아갈 수 있었다. 하지만 에릭은 인생의 클라이맥스에서 하나님을 먼저 생각했으며, 하나님과의 약속을 지키기 위해 육상 트랙을 떠났다.

1년 동안의 신학 공부를 마친 후 에릭은 글라스고우의 한 교회에서 고별 예배를 드리게 되었다. 신념 있는 의지의 영웅일 뿐 아니라 믿음의 본보기였던 에릭의 중국행을 아쉬워하는 많은 청중들 앞에서 그의 자신의 개인 신앙을 간증하기 시작했다.

"제 삶을 지켜온 여러 가지 말씀 중에서 오늘은 한 가지 말씀에 대해 여러분과 나누려고 합니다. 이사야서 41장 10절 말씀입니다. '두려워 말라. 내가 너와 함께 함이니라. 놀라지 말라. 나는 네 하나님이 됨이니라. 내가 너를 굳세게 하리라. 참으로 너를 도와주리라. 참으로 나의 의로운 오른손으로 너를 붙들리라.' 바로 이 말씀을 통해 저는 매 순간마다 제 삶 속에 임하시는 하나님의 인도하심과 놀라운 섭리를 체험할 수 있었습니다. 이 말씀으로 저를 이끌어 주신 하나님께 제 삶의 모든 영광과 기쁨을 돌려 드립니다."

에릭의 간증이 이어지는 동안 청중들은 울기도 하고 웃기도 하면서 살아계신 하나님을 함께 찬양했다. 안타깝게도 이날 역시 에릭의 간증을 듣기 위해 몰려든 청중 수가 너무 많아 일부 사람들은 교회 안으로 들어갈 수가 없어 근처에 있는 다른 교회에서 기다려야만 했다. 에릭은 고별 예배를 끝내고 나서 그곳을 찾아 다시 한 번 똑같은 간증을 되풀이하며 마지막까지 자신의 소명을 다했다.

꽃다발과 찬송가로 뒤덮인 웨벌리 역

드디어 에릭이

중국 선교를 위해 에든버러를 떠나는 날이 되었다. 에릭이 출발하던 날 풍경은 여러 면에서 하나의 장관이었다. 출발 당일 에릭의 숙소 앞에는 이미 그를 태우기 위한 차가 준비되었다. 마치 신혼부부의 여행을 돕기 위해 허니문 차가 출발 대기를 하고 있는 것처럼 에릭의 집이 있던 호프 테라스 29번지 앞에는 온통 꽃으로 장식된 마차 한 대가 세워져 있었다. 희고 푸른 색종이와 장식 꽃 줄로 휘감겨져 있는 마차는 오가는 사람들의 눈에도 특별한 광경이었다. 이 마차의 장식만 봐도 에릭에 대한 스코틀랜드인들의 각별한 사랑과 애정을 충분히 짐작할 수 있었다. 그 옆에는 에릭의 커다란 짐 가방 네 개와 이날 마차를 끌 육상 선수들이 함께 대기하고 있었다.

마차 뒤에는 에릭을 기다리는 수십 명의 여학생들도 함께 있었다. 에릭의 팬클럽으로 활동하던 친구들도 이 자리에 나와 몇 시간 전부터 에릭의 출발을 기다렸던 것이다. 에릭이 집을 나서자 사람들은 웅성거리며 박수를 보내기 시작했다.

"감사합니다. 고맙습니다."

자신을 기다려 준 사람들에게 답례를 하며 에릭은 특유의 쑥스러운 미소를 건넸다. 그리고 그동안 정들었던 이웃들에게 손을 흔들며 마차에 올라탔고, 긴 마차 행렬은 서서히 기차역으로 출발했다. 아름다운 꽃마차에는 에릭이 올라타 있었고, 그 뒤로는 에릭의 팬클럽 여학생들과 그를 사랑하고 흠모하는 주민들의 행렬이 이어졌다.

"에릭, 사랑해요! 당신은 우리들의 영웅이에요!"

이 특별한 행렬은 점점 더 늘어났다. 골목길을 돌아 나올 때마다 그곳에서 기다리고 있던 또 다른 사람들이 행렬에 합세하여 결국 에든버러 중심가인 프린스 거리를 지날 무렵에는 마차 뒤를 따르던 군중의 수가 수백 명으로 늘어나 있었다.

사람들의 박수와 환호성 속에 이동하던 마차가 프린스 거리에서 웨벌리 역으로 빠지는 약간 경사진 비탈길을 내려가 플랫폼에 닿았을 때, 마차를 이끌던 동료 학생들은 길을 잘못 들었다는 것을 깨달았다. 에릭이 타고 갈 열차의 승강구는 그들이 방금 도착한 플랫폼의 건너편에 있었다. 행렬은 다시 비탈길로 올라가 건너편 플랫폼에 도착했다.

에릭이 기차역에 도착했을 때 이곳 역시 환송 나온 관중들로 가득했다. 에릭이 마차에서 일어나 사람들 사이를 지나갈 때 사람들은 그의 옷깃이라도 만지기 위해 손을 내밀었다. 에릭이 열차에 승차해 자리에 앉은 후 창문을 열고 환송 나온 군중들에게 손을 들어 답례하자 다시 수백 명의 군중들이 에릭의 손을 잡으려고 아우성을 쳤다.

"에릭, 그냥 가지 마세요! 우리에게 한 마디 말을 해 줘요! 당신의 연설을 듣고 싶어요."

사람들은 에릭에게 또 한 번 짧은 연설을 요청했다. 이에 에릭이 뭐라고 몇 마디 말을 했지만 또 다른 군중들의 함성에 휩싸여 아무 소리도 들리지 않았다. 그러자 에릭은 노래를 부르기 시작했다.

햇빛을 받는 곳마다 주 예수 왕이 되시고
이 세상 끝날 때까지 그 나라 왕성하리라.

주 앞에 찬송 드리고 간절히 기도드리니
그 기도 향기 되어서 주 앞에 상달하도다.

온 천하만국 백성들 그 사랑 찬송하도다.
어린이 노래까지도 구주를 찬송하도다.

주 예수 계신 곳마다 그 은혜 충만하도다.
곤하고 병든 사람들 다 주의 사랑 받도다.

이 세상 모든 만물아 주 앞에 경배하여라.
저 천군 천사 다 함께 주 앞에 찬송하여라.

에릭이 '햇빛을 받는 곳마다Jesus Shall Reign Where'er the Sun'라는 찬송
가를 선창하자 곧바로 군중들도 함께 따라 부르기 시작했다. 결국
웨벌리 역은 수많은 인파의 찬송으로 뒤덮였다. 그리고 그 찬송 소
리는 플랫폼과 역을 빠져나와 지나가던 행인들의 귀에까지 멀리 울
려 퍼졌다.

에릭 이전과 이후 현재까지 어느 스코틀랜드 선교사도 에릭이

중국으로 향하던 날 에든버러 웨벌리 역에서 받았던 것 같은 열광적
이며 가슴 뭉클한 환송을 받지는 못했다. 이날의 특별한 환송은 에
릭이 세워 놓은 또 한 번의 진기록이었다.

미지와 혼돈의 땅 중국을 향하여

서 양 의 선 교 사 들 이

중국 선교에 본격적으로 관심을 갖기 시작한 것은 대략 13세기 말, 마르코 폴로*의 탐험 이후부터였다. 처음에는 예수회The Jesuits 소속의 여러 신부들이 상인들과 함께 동방에 뛰어들어 선교를 위한 절호의 기회를 포착하였다. 예수회의 한 일원이었던 마테오리치**는 1583년 중국에 도착하여 폐쇄적인 중국 사회에 침투하는 데 성공했으며, 1601년에는 중국 내에 독립적인 선교회를 세우기에 이르렀다.

Marco Polo : 1254-1324, 이탈리아 베네치아의 상인으로 동방
여행을 떠나 중국 각지를 여행하고 돌아와 《동방견문록》을 펴냈다

Matteo Ricci : 1552-1610, 이탈리아 예수회 선교사로 중국에
최초로 선교한 인물. 그가 펴낸 《천주실의》는 한국 천주교 성립에
결정적 영향을 미쳤다

한편 19세기가 동틀 무렵 거대한 복음주의의 물결이 영국과 미국 전역을 휩쓸기 시작했다. 그 중 1807년 중국에 설립된 런던선교회London Missionary Society는 이런 복음주의운동의 중요한 기폭제가 되었다. 에릭의 아버지 제임스 리들James Dunlop Liddell은 1898년 글라스고우의 한 교회에서 그렇게 원했던 목사 안수를 받자마자 런던선교회에 보직을 신청했으며, 이후 평생 동안을 런던선교회의 일원으로 중국에서 선교사로 사역하고 있었다.

당시 선교사 자녀들이 부모를 따라 그들 역시 선교 사업에 일생을 헌신하는 예는 그리 흔치 않았다. 대게 선교사 자녀들은 부모들이 겪는 어려움을 몸소 겪고 자라면서 부모들의 삶과는 다른, 좀 더 안락한 삶을 꿈꾸는 게 보통이었다. 그러나 에릭의 경우는 달랐다. 에릭과 그의 형 로버트는 영국에 있을 때 선교사 자녀들을 위해 설립된 일트햄 컬리지Eltham College를 다녔는데, 이곳에서 선교사로서의 삶에 대해 강한 도전을 받게 되었다. 일트햄 컬리지에는 여러 나라에서 온 선교사 자녀들이 있었으며, 영국에 있는 다른 어느 학교보다 선교사로 헌신한 학생들을 많이 배출했다. 에릭과 로버트가 아버지를 따라 중국 선교에 헌신할 것을 결심하기까지에는 이 학교의 분위기와 영향 또한 적지 않았음을 알 수 있다.

중국행을 결정한 이후 에릭은 중국까지의 이동 경로를 바다가 아닌 육로로 택했다. 기차를 타고 런던에 도착한 다음 영국 해협을 건너 유럽을 가로질러 가기로 했다. 그리고 러시아의 블라디보스톡까지 갔다가 다시 시베리아 횡단 열차를 타고 우랄 산맥을 통과하여 종착지인 중국에 도착할 예정이었다. 당시 영국에서 중국으로 떠나는 사람들은 대부분 영국 남부의 항구에서 대형 여객선을 타고 대략 6주 정도가 소요되는 길고 지루한 바다 여행을 선택했다. 이것이 대부분의 여행 경로였지만 에릭은 젊고 도전 의식이 강했기 때문에 새로운 길에 대한 기대를 가지고 떠난 것이다. 또 육로를 통한 이동이 바다에 비해 시간상으로도 3분의 1정도밖에 걸리지 않았기 때문에 에릭은 지체 없이 그 길을 선택한 것이다.

기차를 타고 긴 여행을 떠나는 에릭의 손에는 아버지가 작성한 중국에 대한 연간선교보고서가 쥐여져 있었다. 에릭의 아버지 제임스는 매년 자신의 선교 활동 상황과 중국 선교 현장에 대한 정보를 담아 런던선교회본부로 선교보고서를 보내고 있었다.

그 무렵 중국의 상황은 그다지 좋지가 않았다. 중국 정권에 대한 불안감은 커지고 있었으며, 계속되는 내전으로 선교 활동이 매우 위태롭고 긴박한 상황이었다. 선교보고서에는 선교사들이 직면하고 있는 실제적인 위험과 어려움에 대한 것들이 잘 설명되어 있었지만 중국을 향하고 있는 에릭의 마음을 흔들 수는 없었다.

선교보고서의 내용 중에는 이런 내용도 있었다.

「중국에 난립해 있는 어느 한 당파도 국민들에게 복종을 강요하거나 나라를 다스려 나갈 만한 힘과 역량을 갖추지 못하고 있는 것 같다. 설사 어떤 당파가 상호 이익을 목적으로 다른 당파의 도움을 받아 집권에 성공했다 하더라도 그들에 반대하는 또 다른 세력에 의해 능력은 분산될 것이고 결국에는 와해의 길로 곤두박질칠 것이다. 이와 같은 악순환은 지금도 되풀이 되고 있다. 올해 우리는 전쟁, 기아, 홍수의 삼중고와 싸워야 했다. 그 중 어느 하나만 있었더라면 피해가 이렇게 치명적이지 않을 수도 있다. 하지만 세 가지 재앙이 한꺼번에 몰아닥쳤을 때 우리는 속수무책일 수밖에 없었다. 이런 재앙으로 얼마나 많은 사람들이 목숨을 잃었는지조차 확인할 방법이 없다. 선교사들이 밤을 새워 가가호호 방문하는 것만으로는 도저히 그 피해 규모를 측량할 수가 없다. 아, 도대체 얼마만한 고통이 우리에게 닥친 것인지…….」

슬픔과 고통으로 가득 찬 이 글을 읽으며 에릭은 하나님께 기도했다.

"주여, 중국과 중국 국민들과 선교사들에게 평화와 복음의 빛을 비춰 주옵소서!"

에릭은 중국에서 서양 선교사들이 어떤 취급을 당하고 있을지를 상상해 보았다. 분명 그는 영국인이기 이전에 하나님의 말씀을 전하는 복음 전파자였지만 그곳에서는 '서구 물질문명의 앞잡이'라는 오해를 떨쳐버릴 수 없을 것이다. 중국에서 그를 기다리고 있을 사람들과, 또 그를 배척할 게 분명한 사람들의 얼굴을 번갈아 떠올리며 에릭은 더욱 더 간절하게 하나님의 약속을 기억했다. 기차는 이런 에릭의 마음을 아는지 모르는지 미지와 혼돈의 세계를 향해 연신 기적을 뿜으며 내달리고 있었다.

3

중국 선교사였던 에릭 리들의 아버지 제임스가 은퇴하기 직전인 1929년 중국 휴양지 베이다후에서 함께 찍은
마지막 가족 사진. 뒷줄 왼쪽부터 형 로버트 부부, 에릭과 제니, 앞줄 메리와 제임스, 그리고 로버트의 딸.

도전을 승리로 장식한 인생

3

하나님을 아는 방법 중에 하나는 매일 하나님과 함께 시간을 보내는 일이다.
즉, 하루 생활 속에서 기도와 성경공부 시간을 정해 놓고 그 시간을 지키도록
힘쓰는 것이다. 새벽 기도 시간은 하루 생활의 방향을 설정하는 데
많은 도움을 줄 것이다. 그때마다 다음과 같이 자문해 보라.
'오늘 하루도 하나님께 순종하는 생활을 할 것인가?
그리고 매 순간 성령님의 인도하심을 구하며 이에 순종할 것인가?'
그리고 다음과 같은 대답이 나올 때까지 눈을 뜨지 말라.
'네, 오늘 하루도 순종하겠습니다. 주님이 인도하시는 대로 따라가며
주님이 내 안에서 명령하시는 하나님의 뜻을 행하겠습니다.
아버지, 오늘 하루도 이 맹세를 지킬 수 있도록 힘을 주옵소서. 아멘!'
마음 깊은 곳에서 진심으로 이런 고백이 나올 때까지 결코 눈을 뜨지 말라.

에릭이 정리한 '새벽 기도의 원칙' 중에서

선교사인 아버지를 따라
중국에서 태어난 에릭

1902년 1월 16일, 중국 톈진에

있는 한 작은 마을에서 예쁜 아이가 태어났다. 아이의 아버지는 중
국에서 선교사로 일하고 있던 제임스 리들 목사로 원래는 포목상이
꿈인 스코틀랜드 젊은이였다. 그는 포목상이 되기 위해 견습공으로
교육을 받다가 우연히 교회를 나가게 되면서 선교에 대한 꿈을 갖게
되었다. 그토록 바라던 포목상의 길을 포기하고 신학을 공부하며 본
격적으로 선교 사역에 관한 준비를 하던 제임스는 우연히 주일학교
야외예배 시간에 간호사인 메리 레든^{Mary Reddin}을 만나 오랫동안 깊

은 교제를 나누게 된다.

우여곡절 끝에 만난 지 6년 만에 중국 상하이에서 결혼식을 올린 두 사람에게 처음으로 맡겨진 사역지는 드넓은 평야가 펼쳐진 몽고였다. 하지만 곧이어 의화단의 난*이 터졌고, 그 영향으로 외국인 선교사들이 도저히 생활할 수 없을 만큼 상황이 어려워졌다. 결국 두 사람은 첫아들 로버트와 함께 새로운 사역지를 부여받을 때까지 톈진에 머물게 되었는데, 이곳에서 사랑스런 둘째 아들 에릭 리들을 낳은 것이다.

에릭이 태어난 지 얼마 되지 않은 어느 날, 제임스는 에릭의 세례식 등록을 위해 교회를 찾았다. 마침 동행하게 된 동료 선교사는 궁금해 하며 물었다.

"제임스, 아들의 이름을 뭐라고 할 건가?"

제임스는 만면에 웃음을 지으며 미리 준비해 둔 아이 이름을 가르쳐 주었다.

"내가 생각해 둔 이름이 있거든. 헨리 어때? 헨리 에릭 리들!"

그러자 동료 선교사는 말도 안 된다는 듯 고개를 흔들며 말했다.

"헨리 에릭 리들이라고? 그 아이, 나중에 학교에 다니면서 꽤나 놀림을 받겠는 걸. 이름의 맨 앞 글자 스펠링을 따서 붙이면 'HEL'이 되잖아. 헬, 이게 어떤 느낌을 주는지 한번 생각해 봤나? 내 생각으로는 선교사 자녀의 이름치고는 꽤 마음에 들지 않는 걸. 다시 한 번 생각해 보게."

중국 청나라 말기에 일어난 외세 배척 운동. 1900년 6월 베이징에서 교회를 습격하고 외국인을 박해한 의화단을 청나라 정부가 지지하면서 대외선전포고를 감행함에 따라 미국을 비롯한 8개국 연합군이 베이징을 점령하여 이를 진압한 사건이다

헨리 에릭 리들Henry Eric Liddell의 앞 글자를 따서 합치면 'HEL' 이 되는데, 이것은 '지옥'을 뜻하는 단어 'HELL'과 발음이 같았다. '헬'이라는 단어를 들었을 때 누구나 쉽게 지옥을 연상하게 된다면 결코 좋은 이미지를 줄 수 없을 것이다.

미처 거기까지 생각하지 못했던 제임스는 다시 집에 돌아와 메리와 상의한 후, 이름의 순서를 바꿔 '에릭 헨리 리들'로 결정한 뒤 교회에 등록을 했다. 에릭은 귀엽고 사랑스런 아이였으며, 힘겨운 선교 사역을 감당하는 부부에게 큰 기쁨과 위로가 되었다.

에릭이 태어나고 나서 몇 개월이 지나지 않아 제임스는 북중국 대평원에 위치한 샤오창이라는 곳에 새 일터를 갖게 된다. 그들이 머물던 톈진에서 샤오창까지는 꼬박 이틀이 걸렸다. 우선 남쪽으로 여섯 시간이나 기차를 타고 간 다음 거기서 하룻밤을 묵어야 했다.

그 무렵 호텔이나 모텔 같은 것은 찾기가 어려웠기 때문에 허름하고 비좁은 민박집에서 잠을 자야 했다. 그리고 다시 소달구지를 타고 60리 남짓을 가야 했는데, 얼핏 생각하면 그다지 멀지 않은 듯 보였지만, 당시 중국의 도로 사정을 감안한다면 굉장히 힘든 장거리 여행이었다. 소달구지로 울퉁불퉁하고 진흙 구덩이인 길을 가다보면 온 몸이 멍투성이가 되고 뼈마디가 안 쑤신 곳이 없을 지경이 되는 게 보통이었다.

샤오창에서의 생활은 이전에 사역했던 몽고에 비해 훨씬 수월

했다. 그곳에서는 수년 동안 선교사들이 복음 전도의 기반을 착실히 닦아왔으며, 이미 예수를 믿게 된 많은 중국인들이 선교 사업을 돕고 있었다. 그리고 다양한 중국의 방언 중에 주로 농부들이 사용하는 원화어서민들의 중국어로 성경이 번역되어 있을 정도였다.

천만 명 이상의 주민들이 살고 있는 대평원에는 두 개의 선교본부가 있었는데, 그 중 하나가 제임스가 몸담고 있는 선교본부였다. 그곳에서 제임스가 하고 있던 일은 선교사로서의 사역보다는 한 교구의 목사가 수행하는 일에 가까운 것이었다. 그가 맡고 있던 지역은 너무나 광활해서 잠시도 한가하게 시간을 쓸 수 없었고, 이른 새벽부터 늦은 밤까지 하루 일정이 빡빡하게 짜여 있었다. 대평원에 흩어져 살아가는 주민들의 가정을 찾아가 복음을 전하면서 소박하고 가난한 농부들에게 따뜻한 주님의 손길을 느끼게 해 주었다.

제임스의 성姓이었던 '리들'을 정확히 발음하지 못했던 중국인들 사이에서 그는 '리무쉬리들 목사를 뜻함'라는 이름으로 불렸는데, 자신들의 삶에 어려운 일이 생길 때마다 그들은 잊지 않고 리무쉬를 찾아갔다. 그들 마음속에 '리무쉬는 언제든지 자신들의 문제를 해결해 줄 수 있을 것'이라는 강한 믿음이 있었는데, 이것은 결국 리무쉬가 믿고 의지하는 하나님의 존재를 어렴풋이나마 알고 있었기 때문이었다.

벼를 주된 작물로 경작하던 농민들은 모내기를 하거나 추수를 할 때가 되면 함께 목청을 돋워 하나님을 찬양하는 노래를 부르곤 했다. 이 모습은 흔히 볼 수 없는 광경이어서 아주 인상적이었는데,

특히 메리와 제임스는 자신들이 직접 가르쳐 준 찬송가를 중국 농민들이 따라 부르는 모습을 볼 때 더없는 감격을 맛보았다. 또한 그들의 찬송 소리가 이웃 마을에까지 퍼져서 이웃 마을 농부들 역시 찬송가들을 같이 합창하는 것을 들을 때면, 몸의 피로가 사라지는 것은 물론 주님께 눈물로 감사 기도를 드리곤 했다.

로버트가 세 살이 되고, 에릭이 막 21개월째가 되던 1903년 10월, 메리는 제니라는 예쁜 딸을 낳았다. 어린 두 오빠 로버트와 에릭은 제니가 어찌나 신기했던지 여동생 곁에서 떠날 줄을 몰랐다. 로버트와 에릭은 마을에서 유일한 서양 아이들이었지만, 또래의 중국 아이들과 잘 어울려 놀았다. 특히 한 겨울에 두툼한 누비 잠바를 입고 모자를 눌러 쓴 채 뛰어놀고 있는 모습을 보노라면, 누가 로버트고 누가 에릭인지 구별할 수 없을 정도였다. 그리고 탁구와 장기 등 중국 아이들이 즐기는 놀이도 잘 따라했으며, 부모의 모국어인 영어와 함께 중국어에도 차츰 익숙해지게 되었다.

가족들 중 언어에 가장 문제가 있던 사람은 바로 에릭의 엄마인 메리였다. 그녀는 줄기차게 중국어를 배우려고 노력했고, 때때로 어린 아이들한테까지 배우곤 했지만 낯선 중국어는 좀처럼 쉽게 익혀지지 않았다. 게다가 외국어를 공부하기엔 집안일 뿐 아니라, 낯선 땅에서 그녀가 감당해야 할 일들이 너무도 많았다. 꿈 많고 아름답던 스코틀랜드 여인 메리는 남편 제임스에 대한 뜨거운 사랑과 하나님에 대한 절대적 믿음을 가지고 달콤한 신혼 생활이나 안락한 가정의 행복을 포기한 채 모진 고난과 위험을 두려움 없이 받아들이고 있었다. 오직 말씀에만 묵묵히 순종했던 그녀의 이런 신앙 태도는 고스란히 세 자녀들에게 전수되었다.

정이 깊고 감성이 풍부한 수줍음 많던 아이

에 릭 은 금 발 에

유난히 파란 눈동자를 가진 감수성이 예민한 아이였다. 게다가 헝겊
으로 덧대어 만든 누비 잠바를 입었을 때는 어느 정도 통통해 보였
지만, 실은 아주 앙상하게 마른 체격이었다.

　메리는 몸이 마르고 허약한 에릭에게 특히 신경을 썼는데, 평상
시에도 자주 아파 많은 걱정거리를 안겨 주었다. 한번은 거의 음식을
입에 대지 못할 정도로 심하게 아파 메리가 침상 곁을 잠시도 떠나
지 않은 채 밤낮으로 에릭을 간호한 일도 있었다. 다행히도 몇 달 후

점차 회복되기 시작했지만 오랜 투병으로 에릭의 몸은 예전 같지 않았다. 팔 다리는 뻣뻣하게 굳어 있었고, 운동신경도 많이 떨어진 상태였다. 또래 아이들보다 훨씬 체구도 작았고, 몸의 움직임은 부자연스러웠다. 에릭이 정상적으로 다시 걷기 위해서는 하루에 몇 번씩 마사지를 받아야 했으며, 지속적인 재활 치료가 필요한 상황이었다.

어느 날 우연히 에릭이 마사지를 받는 모습을 본 한 중국 여자는 매우 부정적인 표정으로 이런 이야기를 했다.

"제가 보기에 이 아이는 다시 걸을 수 없을 것 같네요. 사모님이 정성껏 마사지를 한다 해도 정상적으로 걷는 건 어려울 것 같아요."

메리는 큰 충격을 받았지만 포기할 수 없었다. 메리는 하나님 앞에 기도하면서 믿음을 가지고 에릭을 돌봤다. 믿음의 기도는 병든 자를 일으켜 세울 것이라는 하나님의 말씀에 의지해 하루에 몇 번이고 마사지를 거듭했다.

어쩌면 이것이 에릭에겐 첫 번째 기적이었는지도 모른다. 에릭은 점차 회복되기 시작했고, 몇 달이 지났을 때 또래 아이들 중에서 가장 빨리 달리는 아이로 손꼽히게 되었다.

에릭은 마음이 곱고 착한 아이였다. 어느 겨울 날, 메리는 다른 한 부부와 함께 로버트와 에릭을 데리고 동네 언덕 위로 산책을 나갔다. 아이들은 그 언덕을 '모래 언덕'이라고 이름 붙였는데, 그 이유는 그 언덕이 황토 무더기들로 뒤덮여 있었기 때문이었다.

그런데 갑자기 북쪽에서 돌풍이 불어오는 게 아닌가? 거센 바람이 모래 언덕에 쌓여 있는 황토 무더기에서 엄청나게 많은 양의 먼지를 일으키며, 앞이 보이지 않을 정도로 강하게 불어오기 시작했다. 아직 집까지는 가야할 길이 많이 남아 있었고, 근처에는 돌풍을 피할 만한 것이 아무것도 없었다. 모래 바람을 피할 방법이라면 그저 빨리 뛰어가 집으로 대피하는 것뿐이었다.

어린 로버트와 에릭은 어른들의 손을 붙잡은 채 반은 자기 힘으로, 반은 질질 끌려가다시피 하면서 숨을 헐떡이며 길을 재촉했다. 바람이 너무나도 거세 바짓가랑이 사이에 모래와 먼지가 들어와서 살갗이 따끔거렸고, 계속해서 불어오는 모래 먼지로 콜록거리느라 숨조차 쉬기 어려웠다. 아이들은 추위와 함께 지쳐서 금세라도 쓰러질 것만 같았다.

그런데 이때 아직 다섯 살밖에 안 된 어린 에릭이 엄마의 손을 뿌리치는 게 아닌가!

"엄마, 집까지는 너무 멀어요. 그냥 날 두고 가세요. 나 혼자 여기 있을게요."

에릭은 제일 어린 자기 때문에 나머지 사람들이 더 빨리 갈 수 없을 거라고 생각한 것이다. 그래서 엄마에게 자신이 짐이 될 것을 깨닫고, 이제까지 놓칠까 봐 꼭 붙잡고 있던 손을 뿌리친 것이었다.

이 말을 들은 뒤 사람들은 어린 에릭의 말에 더욱 힘을 내어 안전하게 집으로 돌아올 수 있었다. 그리고 집으로 돌아온 후 모두가 에릭의 기특한 행동에 대해 입을 모아 칭찬했다.

에릭은 어렸을 때부터 남달리 정이 많고 감성적인 아이였다. 로버트와 에릭, 그리고 제니가 가장 좋아하던 시간은 엄마가 오르간 앞에 앉아 자신들이 좋아하는 곡을 연주해 줄 때였다. 엄마의 반주에 맞춰 아이들은 돌아가며 자신들이 좋아하는 노래를 불렀다.

이 시간마다 에릭은 늘 스코틀랜드 찬송가 99장을 쳐달라고 졸라댔는데, 노래의 가사가 '어린 양이 길을 잃고 헤매다'라는 대목에 이르면 으레 눈물을 떨어뜨렸고 나중에는 크게 흐느껴 울부짖기까지 했다. 결국 에릭의 우는 소리는 다른 사람들의 목소리까지 삼켜버렸으며, 집밖에서까지 에릭의 통곡 소리를 들을 수 있었다.

그러던 어느 날, 메리는 오르간 앞에 앉아 아이들에게 물었다.
"자, 오늘은 우리 무슨 노래를 부를까?"
그러자 에릭은 파란 눈을 깜빡이며 고민도 하지 않고 대답했다.
"찬송가 99장이요!"
하지만 이번에는 순순히 들어 줄 수 없었다.
"안 돼, 에릭. 99장은 안 돼. 너 또 우리가 노래 부를 때 혼자 울려고 그러지?"
"아니에요. 엄마, 이번에는 절대 울지 않을게요. 약속할게요.

그러니까 한 번만 더 쳐 주세요. 네?"

엄마는 결국 에릭의 청을 들어 주었고, 찬송가 99장을 연주하기 시작했다. 하지만 예외는 없었다. 에릭은 또 다시 '어린 양이 길을 잃고 헤매다'라는 대목에 이르자 얼굴을 돌리고는 뚝뚝, 눈물을 흘리더니 결국에는 혼자 흐느끼기 시작했다.

"에릭, 너 방금 울지 않는다고 약속했었지? 그러고 또 울면 어떡해?"

엄마 메리는 속상한 얼굴로 오르간 연주를 멈추고 에릭에게 물었다. 그러자 에릭은 울먹이며 이렇게 대답했다.

"우는… 게… 아니… 라… 웃… 고 있는… 거예… 요."

어처구니없는 에릭의 변명에 엄마와 아이들은 함께 큰소리로 웃고 말았다. 약속을 지키고 싶은 마음에 웃는다고 거짓말을 했지만, 에릭의 눈은 새빨갛게 충혈되어 눈물이 가득 맺혀 있었다. 그 모습을 본 가족들은 사랑스러운 마음에 에릭을 용서할 수밖에 없었다.

에릭은 웃음 또한 무척 많은 아이였다. 한번 에릭의 웃음보가 터지면 좀처럼 그칠 줄을 몰랐다. 엄마가 큰소리로 그만 웃으라고 혼을 내도 에릭은 혼자 킬킬거리며 계속해서 웃었다. 너무 오랫동안 에릭의 웃음이 멈추지 않을 때는 혼자서 다 웃고 들어오라며 웃음소리가 그칠 때까지 밖에 세워두곤 했다. 그래도 그치지 않을 땐 소리내어 혼을 내곤 했는데, 마음이 여리고 착하기만 한 엄마가 자기에게 꾸중하는 모습을 보면 에릭은 더욱 큰소리로 웃어버렸다. 중국에서 보낸 에릭의 어린 시절은 그렇게 눈물 반, 웃음 반과 함께 훌쩍 지나가고 있었다.

에릭의 유머를 잊지 마세요

어 느 덧 에 릭 이 다 섯 살 이 되 었 다.

형인 로버트는 일곱 살, 동생 제니는 세 살이 되던 바로 그 해에, 제임스와 메리는 첫 휴가를 얻어 조국 스코틀랜드로 여행을 떠나기로 결정했다. 제임스가 고향을 떠나온 지 어느 새 9년이 지났고 아내 메리는 8년이 되었지만, 바쁜 사역과 어린아이들 때문에 스코틀랜드로의 여행은 엄두도 내지 못하고 지내온 것이다. 그러나 스코틀랜드에 있는 가족들은 제임스와 메리, 그리고 아직 한 번도 보지 못한 세 아이들을 만나게 될 날만을 손꼽아 기다리고 있었다.

리들 가족이 스코틀랜드로 향하게 되었을 때, 세 아이들은 드디어 엄마 아빠에게서 귀에 못이 박일 만큼 자주 들어왔던 할머니와 할아버지가 계신 스코틀랜드에 가게 되었다는 사실에 가슴이 두근거렸다. 하지만 그동안 정들었던 중국 친구들이나 유모와 헤어지는 순간에는 아쉬움과 섭섭함에 눈물이 그치지를 않았다.

스코틀랜드로 향하는 마음은 바빴지만 그곳까지의 여정은 생각보다 길었다. 그들은 우선 상하이로 가서 그곳에 정박해 있던 독일 여객선을 타고 바다를 건너는 긴 항해를 시작했는데, 이 기간이 무려 6주간이나 이어졌다.

여객선에는 다양한 언어를 쓰는 사람들이 섞여 있었다. 중국어, 영어, 독일어, 그리고 스코틀랜드 지방의 사투리가 잔뜩 섞인 영어까지 생소한 언어들을 여기저기에서 쉽게 들을 수 있었다. 에릭을 비롯한 아이들은 이런 외국인들의 언어에 처음에는 많이 당황한 듯 보였다. 특히 딱딱하게 발음되는 독일 사람들의 발음은 조금 무섭게도 느껴졌지만 곧 익숙해졌고, 나중에는 이런 발음을 따라하며 자기들끼리 낄낄거리기도 했다.

6주간의 여행이 끝나고 배가 영국에 도착할 무렵, 가족들은 에릭이 사라진 것을 알게 되었다. 메리는 에릭의 이름을 부르며 배 이곳저곳을 찾아 다녔다. 그런데 그때 에릭이 배 한쪽 끝 모퉁이에서 스코틀랜드 억양이 잔뜩 섞인 발음으로 "I'm coming down the stairs[지금 내려갈게요]."라고 말하며 내려오는 것이 아닌가. 그리고는 신이 난 표정으로 이렇게 말했다.

"엄마 들었어요? 나 독일어 잘하죠?"

에릭은 어깨를 으쓱이며 자기가 방금 독일어를 했다고 뽐을 냈지만, 아직 어린 에릭은 자신이 한 말이 독일어가 아니라 스코틀랜드 말이라는 것을 알지 못했다.

그들이 탄 여객선이 드디어 영국의 사우스햄턴 항에 도착했다. 리들 가족은 우선 선교보고서를 제출하기 위해 런던선교회가 있는 영국의 수도 런던으로 향했다. 그리고 곧바로 런던의 빅토리아 역으로 가서 기차를 타고 그리던 고향, 스코틀랜드를 향해 출발했다. 이윽고 꿈에도 그리던 고향 마을, 드리먼Drymen에 도착했을 때 에릭의 가족은 사랑하는 친지들과 이웃들에게 둘러싸여 뜨거운 포옹을 나누며 서로 안부 인사를 건네기에 정신이 없었다.

세 아이들은 넓은 평지의 중국과는 다른, 스코틀랜드의 산악 절경에 금세 매료되었다. 한 번도 보지 못했던 희귀한 풀과 높게 자란 나무들, 전혀 다른 자연의 아름다움에 취해 입을 다물 줄 몰랐다. 중국 대평원의 황토와 모래만 보고 자라온 그들에게 스코틀랜드는 그저 신기하고 놀라운 자연의 경관이었다.

처음에는 서먹서먹했지만 세 아이들은 할머니, 할아버지, 아저씨, 아줌마, 그리고 사촌들과 곧 친해졌으며, 스코틀랜드의 생활에도 차츰 익숙해지게 되었다. 하지만 이웃 아이들은 중국에서 태어난 로버트와 에릭, 그리고 제니를 자신들과는 다른 중국 아이들로 생각했으며, 세 아이 스스로도 자신들이 스코틀랜드 사람이라는 것을 미처 인식하지 못했다.

로버트와 에릭은 동네 아이들과 어울려 다양한 스코틀랜드 게임을 배우기 시작했고, 그러면서 동네 아이들에게 자신들이 중국에서 배운 놀이를 가르쳐 주었다. 당연히 그들의 영어 실력도 날로 향상되었고, 에릭은 배에서 말했던 "I'm coming down the stairs."라는 말이 독일어가 아니라는 것을 깨닫게 되었다. 그리고 또래 아이들이 그렇듯이 세 아이들도 욕과 상스러운 말을 차츰 배우기 시작했다.

그러던 어느 날, 에릭이 상스러운 말을 하는 것을 들은 할머니는 너무 놀라 에릭에게 이렇게 말했다.

"에릭, 그런 말을 하면 안 돼! 그건 욕이라는 거야. 그런 말을 하면 못쓴단다."

그러자 한참 생각에 잠긴 채 할머니를 쳐다보던 에릭은 할머니에게 대답했다.

"알았어요. 그럼 할머니가 세상의 모든 욕들을 다 얘기해 주면 제가 이제부터 그 말들은 쓰지 않을게요."

할머니는 익살과 기지가 넘치는 에릭의 대답에 아무 말도 하지 못하며, 그저 소리 내어 웃기만 했다.

사람들이 에릭에게서 쉽게 잊어버리거나 혹은 간과하는 점은 바로 그의 유머감각이다. 에릭과 유년 시절을 함께 보낸 사람들이나 그의 여동생 제니가 에릭에 대해 말할 때 항상 강조하는 한 가지는 바로 '에릭의 유머를 잊지 말라' 는 것이었다. 에릭은 어렵고 힘든 상황에서도 유머를 잃지 않고 자신의 고통을 극복해 나갔으며, 어려움에 처한 다른 이들에게도 자신의 유머를 통해 기쁨을 전해 주었다.

　한번은 스코틀랜드에서 에릭이 메리와 함께 전차를 탄 적이 있었다. 그때 전차에 오른 에릭이 만면에 웃음을 띠며 전차 안의 모든 사람들을 향해 큰소리로 인사를 하는 게 아닌가! 시무룩한 표정으로, 혹은 창밖을 멍하니 바라보고 있던 사람들은 자신들을 향해 환하게 웃어 주는 금발머리를 가진 파란 눈의 꼬마 신사로 인해 얼굴 가득 미소를 지었다. 어린아이의 티 없는 행동이 전해 주는 사소하고 작은 감동이었던 것이다. 한 사람 두 사람, 어른들이 에릭을 향해 "안녕, 꼬마 신사!", "그래 나도 반갑다. 안녕?"하고 인사를 나누었고, 결국 온 전차 안의 사람들이 서로를 향해 인사를 나누게 되었다. 에릭의 밝고 명랑한 인사 하나로 전차 안은 웃음과 생기로 가득 차게 된 것이다.

　항상 웃는 얼굴과 유머감각은 에릭을 상징하는 마스코트나 다름없었다. 에릭을 한 번이라도 만나본 동네 사람들의 얼굴엔 이내 미소가 번졌으며, 비록 처음 만난 사람이라 할지라도 마음속이 환해

지는 특별한 기쁨을 맛볼 수가 있었다. 그는 이처럼 어려서부터 주변에 웃음과 기쁨을 전달해 주는 별난 꼬마 신사였다.

톈진의 영중기독교학교에서
시작한 첫 번째 사역

에릭이 탄 시베리아 횡단 열차는

막 베이징을 지나 종착역인 톈진을 향해 달리고 있었다. 자신이 태어난 고향이자 어린 시절의 꿈을 심어 준 그리운 톈진을 향해 달려가는 동안, 에릭은 옛 추억들을 떠올리며 행복한 미소를 지었다.

어느 영화배우 부럽지 않을 만큼 당대 최고의 자리에 올랐고, 육상 선수로도 지금보다 더 많은 영광을 누릴 수 있었지만, 톈진을 향하고 있는 자신의 꿈과 소망에는 비교할 수 없었다. 게다가 톈진은 런던선교회로부터 부여 받는 자신의 첫 번째 선교 사역지이기도

했다.

에릭이 영중기독교학교에서 아이들에게 가르치게 될 과목은 자신이 대학에서 전공한 과학과 자신을 오늘날과 같은 영광의 자리에 올려놓은 체육이었다. 이 두 가지 과목을 가르치는 교사가 되는 것이 선교사로서 그에게 주어진 첫 과업이었다.

당시 중국은 상하이사변의 여파로 큰 혼란을 겪고 있었다. 특히 선교사들의 사역본부 등이 중국인 난폭자들에 의해 파괴되고 있었고, 선교사들은 선교 활동이 중단될 것을 우려하며 사태의 진행 과정을 초조하게 바라보고 있었다. 이 혼란스러운 상황 속에서 중국에 도착한 에릭은, 말로만 듣던 중국의 급박한 정세를 온 몸으로 체험하게 되었다.

상하이사변의 발단은 1925년 5월 14일, 상하이의 한 일본인 소유 방적 공장에서 시작되었다. 그곳에서 일하던 중국인 직공들이 동료 직공들의 해고에 항의하는 파업을 시작했는데, 이 파업에 학생들이 가세함으로써 시위의 규모가 점점 커져갔고, 규모가 확산되는 것을 우려한 영국 경찰이 5월 30일 시위대를 향해 발포를 함으로써 사태는 일종의 반란 성격을 띠며 주위 여러 도시들로 급속히 번져 나갔던 것이다.

특히 공산주의자들은 '제국주의 근절' 이라는 슬로건 아래 상하이의 모든 노동자, 상인, 그리고 학생들을 이 시위대에 가담시키려고 했다. 또 이와 병행하여 외국인들이 경영하던 기업과 공장, 그리고 각종 기관에 근무하던 중국인들을 선동하면서 시위에 동참하도록 조종하였다. 당시 북중국의 상업과 공업의 중심 도시였던 톈진에는 외국인 기업과 기관들이 많았기 때문에 이곳이 시위대들의 표적으로 안성맞춤이었다.

결국 외국인 선교사가 교사로 재직 중이던 영중기독교학교 역시 시위대들의 주목을 받게 되었으며, 그들은 이런저런 이유를 붙여 여러 가지 제재를 가하였다. 영중기독교학교에 다니던 중국인 학생과 학부모들은 이웃으로부터 학교가 개학하는 9월이 되더라도 절대 학교에 가지 말라는 부탁을 받기도 했고, 일부는 무력을 써가며 강요하기도 했다.

이에 영중기독교학교 교직원들은 이 문제를 놓고 상의를 거듭한 결과 설사 한 명의 학생이 등교할지라도 학교의 임무는 계속되어져야 한다는 결론을 내리고, 9월 말에 시작될 새 학기 준비를 서두르기 시작했다.

톈진이라는 도시는 베이징에서 남동쪽으로 약 60마일가량 떨어진 내륙 항구도시로 주로 철도 노선이 집중된 북중국의 교통과 산업의 요충지였다. 1925년 당시 톈진은 또한 시베리아 횡단 열차의 중국 종착역이기도 했다.

이런 교통의 요지였던 탓에 그 무렵 톈진의 인구는 1백만 명 이상이었지만, 놀랍게도 하나의 도시가 두 개의 얼굴을 가진 것처럼 이중적인 모습을 지니고 있었다. 즉, 톈진시의 한 구역은 협소하고 과밀한 중국인들의 거주지였던 반면, 또 다른 한 구역은 현란한 서구제국들이 들어서 있었으며, 일본인들에게도 특별한 관심 지역이었던 것이다.

런던선교회는 영국 조계*가 아닌 프랑스 조계에 속해 있었기 때문에 에릭은 동료 선교사들과 함께 프랑스 조계 내의 런던선교회라고 불리던 한 건물에 안식처를 마련하였다.

영중기독교학교의 교직원들이 우려했던 것과 달리, 막상 가을 학기가 시작되는 9월에 학교 문을 열자, 400명에 달하는 학생들 가운데 150명이 등교를 했다. 그리고 몇 주가 더 지나자 학교는 예전처럼 완전히 정상 기능을 회복하게 되었다.

에릭이 학교에서 담당할 과목은 과학 중에서도 특별히 화학 분야였다. 또 그는 학생들의 체육 활동을 지도하면서 때때로 영어까지 가르쳐야 했다. 에릭은 강의 준비를 하는 동시에 과학실험실의 기구들을 정리하면서 필요한 장비들을 직접 만들며 분주하게 움직였다.

서양 문물을 배우기 위해서는 영어를 배우는 일이 무엇보다 중요하다는 중국 정부의 판단에 따라 학교 수업은 대부분 영어로 이루어졌다. 그런데 막상 에릭이 학생들에게 영어를 가르치려고 했을 때 제일 문제가 되는 것은 에릭의 짧은 중국어 실력이었다. 게다가 영어는 에릭이 학창 시절부터 별로 자신이 없던 과목이었다. 영어로 수업을 진행하는 동안 학생들의 영어 실력이 향상되기보다는 오히

租界 : 19세기 후반에 영국, 미국, 일본 등 8개국이 중국을 침략하는 근거지로 삼았던, 개항 도시의 외국인 거주지

려 에릭의 중국어 실력이 더 향상되었다.

항상 에너지가 넘쳤던 에릭은 학교에 럭비팀과 육상팀을 신설했는데, 이런 에릭의 노력은 영중기독교학교에 스포츠를 도입하는 데 결정적인 역할을 하게 된다. 이런 사실에 관해 영중기독교학교 설립자였던 래빙턴 하트 박사^{Dr. Lavington Hart}는 다음과 같이 흥미로운 글을 남긴 바 있다.

「우리가 처음으로 학교에 스포츠를 도입했을 때 가장 힘들었던 것은 '스포츠맨십'이라는 정신을 어떻게 이해시키느냐 하는 데 있었습니다. 중국 학생들은 자신들의 전통 의상인 긴 가운을 그대로 착용한 채 럭비 경기에 참가했으며, 빗방울이 한두 방울 떨어지기만 해도 경기를 포기하고 도중에 그냥 돌아가기 일쑤였습니다. 또 자기편이 이길 확률이 없으면 아예 경기를 시작하지도 않았으며, 경기 중 자기편 선수가 고의든 그렇지 않든 간에 부상을 당하기라도 하면 오히려 상대방 선수들의 정강이를 걷어차고 우루루 경기장을 떠나고 말았습니다. 심판의 판정에 대해서 시비를 거는 것 또한 늘 있는 일이었습니다.

하지만 에릭과 다른 선생님들의 끊임없는 노력의 결과 시간이 지나면 지날수록 운동 경기에 대한 인식이 차츰 개선되었습니다. 그래서 몇 년이 지난 뒤에는 공립이든 사립이든 축구팀을 갖지 않은 학교가 없었으며, 그밖에 농구, 배구, 육상에도 열을 올리기 시작했습니다.

우리 학교에는 과거 올림픽 챔피언이며 스코틀랜드 국가 대표 럭비 선수였던 에릭이 있었기 때문에, 그의 지도 아래 중국 전역에서 열리는 각종 대회에서 거의 모든 종목을 우승할 수 있었습니다. 그리고 사람들은 이미 우리 학교와 에릭을 '공포의 팀'으로 생각하며 두려워했습니다.

중요한 것은 스포츠 교육은 미래의 강인하고 건전한 크리스천을 양성하는 데 아주 유익한 훈련 방법 중 하나임에 틀림이 없다는 사실입니다.」

에릭은 천성적으로 엄격한 규율을 강요하는 것과는 거리가 멀었다. 그는 학생들에게 기계적으로 지식을 주입시키는 타입의 선생님이 아니었다. 그는 학생들과 개인적으로 어울리기를 좋아하는 선생님이었다. 수업 후에는 항상 학생들과 함께 시간을 보내곤 했으며, 아이들을 자기 집으로 초대해서 요리를 먹으며 이야기 나누는 것을 무척 좋아했다.

과학 시간에 딱딱한 지식을 가르치는 일에 다소 부담을 느끼고 있던 에릭이 가장 행복하게 느꼈던 시간은, 일주일에 한 번씩 자기 반 학생들을 대상으로 가르쳤던 성경공부 시간이었다. 에릭에게 이 시간은 더없는 기쁨의 시간이었고, 날마다 진지하게 이 모임을 준비했다.

이에 관해 에릭은 스코틀랜드의 한 친구에게 이런 편지를 보낸 적이 있다.

「담임교사로 임명된다는 것은 반 아이들을 책임져야 한다는 것이고, 이것은 결국 학과목 이외에 성경공부를 가르쳐야 한다는 것을 의미하는 것이었어. 모임의 출석 여부는 전적으로 학생의 의사에 맡겨졌고, 따라서 참석하는 학생 수도 일정치 않은 것이 보통이었지만, 그래도 평균 열일곱 명 정도의 아이들이 성경공부 시간에 참석을 했지. 그래서 나는 아이들에게 매일매일의 성경 독서 카드를 만들어 주고, 그것을 어떻게 매일의 실생활에 적용할 것인가 하는 것에 대해 가르쳐 주는 동시에 예수님의 생애를 차근차근 설명해 나갔어.

내가 간절히 바라는 것은 아이들이 이런 훈련을 통해 새벽 기도와 명상 시간을 가지면서 말씀 가운데 하루의 삶을 이끌어 나가는 어떤 메시지를 발견하고, 또 그것을 실천하기 위해 애쓰는 자세를 평생 동안 지속했으면 하는 거야.

아이들을 지도하다 보면 쉽고 기쁜 일들만 있는 것은 결코 아니었어. 특히 한 아이는 나로 하여금 더 깊고 진지한 기도 시간을 갖도록 만들었는데, 왜냐하면 그 아이는 특별히 말썽을 많이 일으키는 아이였기 때문이지.

나는 그 아이를 위해 따로 기도 시간을 정해 놓고 늘 기도를 드렸네. 그러던 중 나는 그 아이의 큰 고민거리 하나를 알게 되었고, 나 또한 예전에 그런 일을 당해 고민한 적이 있었기 때문에 그 아이에게 내 경우를 비춰 조언을 했지. 그러면서도 내가 좀 더 빨리 말해 주지 못한 것이 안타까웠고 혹시나 기회를 놓치지는 않았는지 걱정이 앞섰다네.

올해 그 아이는 많이 나아지고 있고, 또 간혹 성경공부 시간에도 참석하곤 하지만, 아직도 많은 기도가 필요할 것 같아.」

에릭이 아이들에게 가르쳐 주려고 했던 것은 '새벽 기도와 성경 읽기'라는 단순한 충고나 가르침이 아니었다. 그것은 바로 산교육이었으며, 삶의 원천이기도 했다. 에릭 스스로는 평생을 살아가는 동안 죽음을 맞이하기 전까지, 아무리 어려운 상황과 곤경에 처해 있더라도 이 두 가지를 실천하는 데 하루도 게으른 적이 없었다.

"과연 에릭이 어떻게 그 시간을 평생 동안 지켜 나갔는가?"

이 질문에 대해 에릭은 후에 남긴 그의 친필 원고를 통해 이렇게 설명했다.

「하나님과 우리가 교제하는 길은 기도와 성경 말씀을 통해서다. 이를 위해 가장 좋은 방법은 하루 중에 기도하는 시간을 따로 정해 놓고—내 생각에는 새벽 시간이 제일 좋을 듯하지만—그 시간을 성실히 지켜 나가는 것이다. 이 시간은 하루하루의 삶을 설계하는 시간이 되도록 해야 하며, 세상의 다른 여러 일들로 마음을 어수선하게 해서는 안 된다.

기도는 언제든지 할 수 있다고 주장하면서, 매일 정해진 기도 시간조차 제대로 지키지 못하는 게으른 사람들은 아마도 자신이 시작한 기도를 결코 마무리하지 못할 것이다.

하루의 정해진 시간, 하나님과 약속한 그 시간을 잘 지킨다면, 반대로 그 시간이 그날 하루 당신의 삶을 온전히 인도해 주는 것을 경험하게 될 것이다.」

새벽에 맨 먼저 주님과 만나라

에릭이 지켜온 삶의 방법은

어찌 보면 굉장히 단순한 것이었다. 에릭은 두 가지 삶의 원칙을 지
키는 것으로 자신의 삶의 태도를 일관했는데, 그 첫 번째는 '성경
읽기'였고, 다른 한 가지는 '새벽 기도'였다. 에릭은 이 두 가지 원
칙을 통해 그의 삶의 원천을 뜨겁게 채우고 있었다. 에릭 스스로 말
했던 것처럼 그는 이 두 가지 원칙을 통해 자기 삶에 살아 역사하시
는 하나님을 체험했고, 매일매일 기적을 경험했다.

에릭이 스스로 정리한 삶의 원칙들은 다음과 같다.

첫째, 기도를 시작하기 전에 가정 먼저 해야 할 것은 침묵이다.

침묵은 당신의 삶을 돌아보면서 당신의 삶이 한순간이라도 잘못에 빠져 있지 않나 점검하게 해 준다. 그렇게 함으로써 당신의 마음을 깨끗하게 하는 것이다. 잘못이 발견되면, 하나님의 능력으로 그것을 고쳐 나갈 것을 결단하라. 마음속에 잘못된 것이 발견되지 않았을 때, 그때 비로소 담대히 기도하라.

'진리를 좇는 자는 빛으로 오나니 이는 그 행위가 하나님 안에서 행한 것임을 나타내려 함이라 하시니라.' 요한복음 3장 21절

둘째, 생각을 맑게 할 수 있는 것은 바로 하나님의 말씀뿐이다.

이 원칙은 당신 눈의 티끌들을 씻어내어 당신에게 올바른 통찰력을 가져다 줄 것이다. 성경의 말씀만이 당신을 올바르게 세울 수 있으며, 올바른 자세로 기도할 수 있게 도와준다. 하나님께서 당신의 생각이 그의 생각으로, 당신의 목적이 그의 목적이 되도록 인도하실 것이다.

셋째, 펜이나 연필을 들고 마음속에 영감이 떠오를 때마다 그것을 적어두라. 그리고 하나님의 말씀을 깊이 묵상하라.

여기서 '펜을 든다'는 것은 믿음의 상징이다. 무엇인가가 당신의 마음속에 임할 것이라는 것을 확신하는 것이며, 반드시 무엇인가

가 당신 마음속에 찾아올 것이라는 믿음에 기초한다. 결코 서둘러 성경을 읽지 말라. 말씀 하나하나가 다 소중하다. 멈춰라. 그리고 말씀을 자신에게 비춰보라. 사람이 급히 숲을 지나면 숲속의 새와 동물들은 나타나지 않는다. 그들은 오히려 숨어버린다. 하지만 그가 조용히 앉아서 기다리면 새들과 동물들은 나타날 것이다. 성경을 읽는 것과 기도를 할 때도 마찬가지다. 기도는 바로 하나님께 당신의 영혼을 숨김없이 드러내는 시간이다. 당신의 마음속 가장 깊은 곳을 말씀을 통해 고백하라. 순종할 것을 결단하라. 결단했다면 철저히 순종하라.

넷째, 기도의 열매는 곧 행동으로 맺어져야 한다.

뭔가 생활 주변에서 구체적인 당신의 일을 찾으라. 때때로 그 일은 아주 자그마한 일이 될 수도 있다. 그 일이 당신의 시간을 요구할 수도 있고, 당신의 인내와 사랑을 시험할 수도 있다. 하지만 당신에게 어떠한 손해가 닥치더라도 그 일을 행하라.

에릭은 평상시에 일어나는 시간에서 '30분'만이라도 일찍 일어나, 그 시간을 기도와 명상, 그리고 성경공부에 보내길 간절히 바랐다. 그리고 그것을 반 학생들에게 가르쳤다. 원칙을 중요시했지만 에릭이 더 중요하게 생각한 것은 시간에 대한 약속보다 성실함과 진실함이었다. 정해진 시간에 하나님과의 약속을 지키기 위해 자리를 잡고 앉았더라도 '하나님이 당신을 오직 정해 놓은 하루의 그 시간에만 인도하실 것이다.'라는 생각은 하지 않았다.

또한 하루에 정해 놓은 기도의 시간에 당신과 다른 사람들의 의견에도 깊이 귀를 기울이라고 강조했다. 그리고 때로 정해 놓은 기도 시간을 변경해야 할 일이 있을 때는 기도 시간을 변경하는 융통성을 가져도 된다고 이야기한다. 타성에 젖지도 말고, 결코 빠뜨려서도 안 될 하나님과의 약속된 새벽 시간에 대해 에릭은 다음과 같은 이야기를 했다. 이것은 보다 구체적이며 철저한 에릭의 신앙을 보여주는 중요한 대목이다.

「하나님을 아는 방법 중에 하나는 매일 하나님과 함께 시간을 보내는 일이다. 즉, 하루 생활 속에서 기도와 성경공부 시간을 정해 놓고 그 시간을 지키도록 힘쓰는 것이다. 새벽 기도 시간은 하루 생활의 방향을 설정하는 데 많은 도움을 줄 것이다. 그때마다 다음과 같이 자문해 보라.

'오늘 하루도 하나님께 순종하는 생활을 할 것인가? 그리고 매 순간 성령님의 인도하심을 구하며 이에 순종할 것인가?'

그리고 다음과 같은 대답이 나올 때까지 눈을 뜨지 말라.
'네, 오늘 하루도 순종하겠습니다. 주님이 인도하시는 대로 따라가며 주님이 내 안에서 명령하시는 하나님의 뜻을 행하겠습니다. 아버지, 오늘 하루도 이 맹세를 지킬 수 있도록 힘을 주옵소서. 아멘!'

마음 깊은 곳에서 진심으로 이런 고백이 나올 때까지 결코 눈을 뜨지 말라.」

에릭은 때론 평범하게 지나갈 수 있는 경건의 시간들에 대해 타협하지 않는 진지함과 성실함으로 최선을 다했다. 그리고 매번 하나님의 음성에 귀를 기울이기 위해 노력했다. 그는 자신의 기도 시간이 하나님 안에 있으며, 충만한 은혜 가운데 있게 하기 위해 아래와 같은 원칙들을 지켜 나갔다.

첫째, 침묵하라. 그리고 세상 만물의 진리이시자 사랑의 근본이 되시는 하나님과 성령님이 당신 마음에 거하도록 마음을 가다듬으라. 당신이 들으려 할 때 하나님은 얘기하시며, 또 당신이 기도할 때 하나님은 귀 기울이신다.

'하늘에 계신 우리 아버지여 이름이 거룩히 여김을 받으시오며.' 마태복음 6장 9절

둘째, 오늘 새벽 당신은 특별히 무엇을 가지고 하나님께 감사드릴 것인가.

이때 우리를 죄에서 구해 주신 예수 그리스도를 당신에게 보내주셨음을 특별히 감사하는 것을 잊지 말라.

'네 마음을 다하며 목숨을 다하며 힘을 다하며 뜻을 다하여 주 너의 하나님을 사랑하고.' 누가복음 10장 27절

셋째, 그리스도를 당신의 하루 생활에 동행케 하며, 그리스도의 사랑, 고결, 그리고 자기 헌신과 무엇보다도 하나님의 뜻에 절대 순종하는 자세를 실천하라.

만약 당신이 어제 그리스도인답게 살지 못했다면 잘못을 솔직히 회개하고, 하나님의 용서와 자비를 구하라. 하나님은 우리들의 죄를 사하시고, 그의 외아들 예수 그리스도를 우리에게 보내 주신 자비로우신 하나님임을 잊지 말라. 그리고 기도하라.

'하나님이여 내 속에 정한 마음을 창조하시고 내 안에 정직한 영을 새롭게 하소서.' 시편 51편 10절

'나도 너를 정죄하지 아니하노니 가서 다시는 죄를 범치 말라.' 요한복음 8장 11절

넷째, 오늘 하나님은 내가 누구를 위해 기도하길 원하시며, 어떠한 일을 하길 원하시는가? 하나님의 계획을 발견하라. 그리고 그 계획과 당신이 오늘 위해서 기도할 사람들을 메모하라. 하나님의 음성을 들으며 담대히 하루를 그 음성에 순종하라.

'세상에서는 너희가 환난을 당하나 담대하라. 내가 세상을 이기었노라.' 요한복음 16장 33절

다섯째, 오늘 새벽 하나님은 나를 위해 어떤 새로운 메시지를 갖고 계신가? 하나님의 음성에 귀 기울이고 나 역시 하나님의 명령을 지켜 순종하기 위해 노력하라.

'너희가 나를 사랑하면 나의 계명을 지키리라.'^{요한복음 14장 15절}

여섯 째, 오늘도 나의 의무는 하나님을 증거하는 것이라는 사실을 상기하라. 직장에서나 혹은 어느 곳에 있든지 하나님의 사랑과 자비하심, 그리고 인도하심을 증거하라. 어려움을 당한 이웃을 돕고 격려하라.

'너희는 온 천하에 다니며 만민에게 복음을 전파하라.'^{마가복음 16장 15절}

'내가 주릴 때에 너희가 먹을 것을 주었고 목마를 때에 마시게 하였고.'^{마태복음 25장 35절}

에릭의 삶 중에서 기도와 성경공부는 그 핵심을 이루고 있다. 하지만 그가 훌륭한 점은 이와 같은 자신의 확고한 신앙을 남에게 강요하지 않았으며, 스스로 행동을 통해 이를 실천했다는 점이다. 그는 철저한 신앙인으로서의 삶을 통해 그 어느 부흥사의 거창한 말이나 거대한 몸짓보다 더 강렬하게 주위 사람들에게 예수 그리스도의 전지전능하심을 증거하였다.

남에게는 관대하게 자신에게는 엄격하게

1928년이 저물어 가면서

톈진의 선교사들 간에는 서서히 세대교체 바람이 불기 시작했다. 그동안 중국의 구석구석을 다니면서 복음을 전하던 에릭의 아버지 제임스를 비롯한 노장 선교사들은 순회 선교사로서 막중한 일들을 계속 감당하기에는 점차 건강과 체력이 쇠약해져 가고 있었다. 그러던 1929년, 제임스는 그해 여름부터 시작되는 스코틀랜드에서의 안식년 휴가가 끝나더라도 다시 중국에 돌아올 필요 없이 스코틀랜드에서 정년을 맞을 것을 런던선교회로부터 통보받았다. 그리하여 제임스와 메리는 복음 전파를 위해 자신들의 젊음을 다 바쳤던 중국 땅을 눈물로 등진 채 스코틀랜드로 향했다.

평생 만남과 이별을 반복하던 에릭의 가족은 또 한 번의 이별을 맞아야 했다. 중국에서 의료선교를 하고 있던 형 로버트와 함께 에릭이 이제 부모를 대신해 중국 선교의 바통을 이어받은 것이다. 믿음직한 두 아들은 평생의 삶을 통해 하나님이 맡기신 사명을 충실히 섬기다가 조국으로 떠나는 제임스와 메리 그리고 두 동생에게 작별의 손을 흔들었다.

제임스와 메리가 그동안 중국에서 닦아 놓은 하늘나라의 사업들은 인간의 기준으로는 결코 측정될 수 없는 것이었다. 하지만 두 사람에게는 자신들의 사명을 대신할 뿐 아니라, 더욱 큰 역할을 맡게 될 두 아들이 여전히 중국에 남아 있는 것이 한없이 자랑스럽고 대견했다.

제임스는 스코틀랜드에 도착한 뒤 바로 에든버러에 집을 마련했고, 2년 뒤에 찾아올 에릭의 첫 휴가를 기다렸다. 이번의 헤어짐은 이미 가정을 가진 로버트보다 총각이던 에릭에게 더욱 더 마음 아픈 것이었다. 에릭이 톈진으로 온 후 가족이 함께 모였던 지난 4년 동안 리들 가족에게 행복한 보금자리가 되어 주었던 런던선교회 6번지도 이제 그 주인이 바뀌었다.

에릭은 또 다시 가족과 떨어져 한 아파트에서 홀로 생활해야 했다. 에릭이 새롭게 얻은 아파트는 그가 근무하던 영중기독교학교 건물의 3층이었는데, 그곳에서 에릭은 다른 세 명의 독신자들과 함께 기숙을 했다. 많은 시간을 아파트에서 보냈던 영중기독교학교 내 기숙생들은 자연스럽게 서로를 깊이 알며 교제할 수 있었다. 당시 외과의사로 영중기독교학교 의료실에서 근무하던 조지 도울링George Dorling은 그 아파트의 기숙생 중 한 사람이었는데, 그는 에릭에 대해 다음과 같이 회고했다.

"에릭 리들과 함께 톈진의 한 아파트에서 지냈던 몇 달은 제 인생에서 가장 값진 시간이었습니다. 저는 에릭이 세우고 실천했던 신앙인으로서의 삶에 너무나 뒤떨어진 사람이었지만 에릭은 항상 저의 친구였습니다. 제 삶에 어떤 일이 생겼을 때 제게 가장 필요한 사람은 바로 에릭이었습니다. 그의 사랑은 너무 커서 어떠한 것도 그를 놀라게 하거나 괴롭히는 것 같지 않았습니다."

이와 같은 찬사는 에릭과 같은 스코틀랜드인이며, 에릭과 함께 기숙했던 또 다른 동료 하숙인인 데이비드 맥거빈David McGavin에 의해서도 계속 이어진다.

"저는 에릭이 누군가에 대해 비판적으로 이야기하는 것을 단한 번도 들은 적이 없습니다. 그러면서도 평소 에릭은 자신이 하는 일에 대해서 가장 성실하게 해내는 그런 사람이었습니다. 에릭은 제가 알았던 사람들 중에 가장 그리스도에 가까운 사람입니다. 에릭을 생각할 때 떠오르는 가장 대표적인 것은 대단한 그의 유머감각과 남을 대하는 태도입니다. 제가 생각하기에 에릭은 그의 사랑과 관용, 그리고 자기절제를, 매일 새벽마다 드리는 기도와 명상, 그리고 성경공부를 통해 얻어낸 듯합니다. 새벽 기도 시간을 보낸 뒤의 에릭은 마치 산상수훈의 구절이 그의 귓전에 항상 맴도는 듯이 보일 정도였으니까요. 하지만 나머지 시간들은 철저히 이웃을 돕고 격려하는 데 보내는 사람이었습니다. 남에게는 이렇듯 관대했지만 자기 자신에게는 남에게 관대한 것만큼이나 엄격하게 대했습니다."

친구들이 기억해내는 에릭에 대한 이미지는 이렇게 자기 자신에게 엄격하면서도 남에게는 관대한, 성경 그대로의 모습이었다. 어색하게 흉내낼 수 있는 하루 이틀의 이미지가 아니라 매일매일, 변함없이 다가오는 생생한 에릭의 삶의 태도는 어쩌면 경이롭기까지 했다.

"에릭은 스스로를 하나님의 말씀에 매 순간 비춰보는 듯 생활했습니다. 매일 새벽의 기도와 성경공부를 통해 자기 무장을 철저히 해 나가는 생활, 바로 그것이 에릭의 삶의 신비로운 비밀이었으며, 그가 어떻게 달렸는가를 밝혀 주는 가장 올바른 길일 것입니다. 한번은 제가 에릭에게 혹시 경기에 이기게 해달라고 기도해 본 적이 있는지 물었습니다. 그러자 에릭은 '아니. 나는 결코 경기에 이기게 해 달라고 기도해 본 적이 없어. 물론 경기가 있을 때마다 잊지 않고

하나님께서 내 경기를 통해 영광 받으시길 위해서 기도드렸지.'하고
대답했습니다. 에릭 리들의 삶은 정말 그 이상도 이하도 아니었다는
것을 우리는 누구도 의심하지 않습니다."

　　에릭을 알고 있던 사람들은 누구나 에릭이 자신에게 가장 절친
한, 최고의 친구였다고 이야기한다. 하지만 에릭은 단 한 사람을 위
한 친구는 절대 아니었다. 자신과 교제하는 모든 사람에게 가장 가
까운 친구였지만 모든 이에게 똑같은 마음으로 관대하게 베풀었다.
누군가의 청을 거절하는 법이 없이 모든 시간을 친구와 이웃들, 그
리고 학생들을 위해 내주었다.

　　하지만 자신에게는 결코 관대하지 않았다. 매일 새벽 가장 먼저
시작하는 기도와 성경묵상을 통해 자신을 점검했으며, 이런 자기관
리를 결코 게을리 하지 않았다. 에릭의 삶에서 드러나는 이 특별한
신비로움은 어쩌면 자기 자신을 엄격하게 관리하겠다는 그의 철학
에 기초하는지도 모른다. 중요한 것은 에릭이 타인에게 관대하고 자
신에게 엄격하게 행동하는 것이 결코 타인에게 부담을 주거나 불편
한 모습으로 기억되지 않는다는 것이다. 오히려 에릭의 철저한 자기
관리의 모습들은 에릭을 더욱 사랑스런 존재로 만들었고, 믿음직한
친구이며, 또한 존경의 대상으로 기억될 만큼 아름다운 모습으로 만
들었다.

모든 사람과 더불어 친구가 되다

가족과 떨어져 홀로 생활한 지

1년쯤 지난 1930년 7월 어느 날, 에릭은 친구들에게 그가 한 여자를 사랑하고 있다는 사실을 처음으로 털어놓았다. 그때까지 그가 누군 가와 교제를 나누고 있다는 걸 눈치 챈 사람은 아무도 없었다. 심지 어 당사자인 그 여성조차도 에릭이 자신을 사랑하고 있다는 걸 모르고 있을 정도였다.

에릭의 마음을 빼앗아간 아가씨는 이제 갓 학교를 졸업하고 정 식 간호사로 교육을 받기 위해 준비하고 있던 불과 열일곱 살밖에 되

지 않은 앳된 소녀였다. 그녀의 이름은 플로렌스 맥캔지Florence McKenzie
로 캐나다 선교사의 딸이었다. 그녀의 가정과 에릭의 가족들은 수년
동안 서로 잘 알고 지냈으며, 에릭의 막내 동생 어네스트Ernest와 그
녀는 같은 반에서 공부를 하기도 했었다. 또 그녀는 에릭이 책임을
맡고 있던 연합교회 주일학교에서 피아노 반주를 하고 있었다.

세월이 흘러 플로렌스는 그때 일을 회고한 바 있다.

"저는 정말 너무 순진했어요. 에릭은 우리 가족에게 거의 한식
구나 마찬가지였죠. 저는 그에게서 아무것도 눈치 채지 못했기 때문
에 그가 저에게 청혼을 한다는 건 상상도 할 수 없는 일이었어요. 물
론 저는 속으로 에릭을 무척 사랑하고 있었죠. 그런데 어느 날 그가
저에게 사랑을 고백하면서 청혼을 하는 것이었어요. 그의 충격적인
프러포즈를 받았을 때 사실 얼마나 놀랐는지 모릅니다. 프러포즈를
받은 다음, 그 기쁨을 떨치고 다시 현실로 돌아오기까지는 꽤 오랜
시간이 걸렸답니다."

플로렌스의 어머니는 에릭에 대한 첫인상을 이렇게 이야기했다.

"1926년 여름, 우리 가족이 여름 휴가를 마치고 돌아온 지 며칠
지나지 않은 어느 날 저녁이었습니다. 주간기도회에 참석하기 위해
저와 남편이 교회 현관을 막 들어서는데, 마침 교회로 들어오던 리
들 가족을 만났습니다. 리들 가족도 주간기도회에 참석하기 위해 교

회로 들어와 겉옷을 벗고 있던 참이었습니다.

그런데 제임스와 메리 옆에 처음 보는 낯선 청년 한 명이 서 있더군요. 누굴까 하는 마음으로 쳐다보았더니, 메리는 곧 그 청년을 우리 부부에게 소개해 주었습니다. 그렇게 해서 우리는 처음으로 제임스 부부의 그 유명한 둘째 아들, 에릭 리들을 만나게 되었습니다. 물론 제임스와 메리의 둘째 아들에 대해서는 이미 신문을 통해 여러 번 소식을 전해 듣고 있었지요. 세계적인 육상 선수였던 그를 마음속으로 상상해보기도 했습니다.

하지만 예상했던 것과는 달리 그날 에릭에게서 받은 첫인상은 소박하고 예의 바른 청년이라는 느낌이었습니다. 사실 에릭과 같이 착한 성품을 지녔으면서도 자기 절제를 통해 깊은 신앙심을 갖게 된 사람을 만나기는 쉽지가 않습니다. 게다가 그런 사람을 말로 묘사하기란 더욱 어렵습니다. 아무튼 에릭은 항상 성령으로 가득 차 있었고, 가는 곳마다 사람들에게 기쁨과 평안을 심어 주었습니다."

에릭은 처음 만난 사람들에게까지 전달될 만큼 깊은 신앙을 가지고 있었고, 자신만의 특유한 기쁨과 편안함을 전달해 주었다. 에릭이 가진 친화력은 단순한 말재간이 아니었다. 에릭에게서 풍겨 나오는 깊은 평안과 기쁨은 만나는 사람에게 신비로운 안정감을 선물했다. 그래서 처음 에릭을 만난 사람도 에릭을 믿고 자신의 아픈 이야기를 꺼내 놓을 수 있었으며, 진심으로 에릭의 충고에 귀를 기울이곤 했다. 그런 에릭이 자신의 딸인 플로렌스와 교제하기를 희망했을 때, 그녀는 자신이 프러포즈를 받은 것처럼 행복했다. 이후 사위에 대한 장모의 든든한 지원과 사랑은 식을 줄을 몰랐다.

"하루는 에릭이 톈진에 거주하던 한 영국인 사업가의 방문을 받았습니다. 그 사람은 사업에 실패한 뒤 깊은 좌절에 빠져 자살을 심각하게 고려하고 있었다고 합니다. 그런데 우연히 에릭을 만나 잠깐 대화를 나눈 뒤 그는 마음을 바꾸었습니다. 그는 단지 잠깐 동안 이야기를 나눴을 뿐인 사람을 둘도 없는 친구로 생각하게 되었고, 에릭을 통해 새 삶을 꿈꾸며 희망을 갖게 되었다고 말했습니다. 이 것은 아주 사소한 일화에 불과합니다. 에릭은 만나는 사람에게 희망을 전해 줬지만, 그보다 더 중요한 것은 희망을 전할 만큼의 믿음을 주는 친구가 되었다는 것입니다. 에릭은 가난한 사람에게나, 부자에게나, 장사꾼들에게나, 선교사들 사이에서나 늘 인종과 국적을 초월해서 모든 사람들의 친구였습니다."

에릭이 살던 톈진의 선교사 사회에서는 젊은 남녀가 밖에서 공공연히 데이트를 즐기는 것이 금지되어 있었다. 더군다나 이제 겨우 열일곱 살밖에 안 된 어린 아가씨를 자꾸 불러내는 건 현실적으로 어려움이 많았다. 그래서 에릭은 플로렌스가 보고 싶을 때마다 그녀의 친구들을 함께 불러내서 단체로 데이트를 하곤 했다. 이렇게 하면 사람들의 시선을 피하면서도 선교사 사회의 규칙을 어기지 않고 데이트를 할 수 있었기 때문이다.

플로렌스가 자신의 청혼을 수락하자마자, 에릭은 에든버러에 있는 부모님께 편지를 써서 그들의 약혼 소식을 전했다. 그리고 어머니에게 다섯 개의 작은 다이아몬드가 한 줄로 박힌 반지를 사서 보내달라는 부탁을 했다. 그런 모양의 반지는 어머니 메리가 아버지 제임스로부터 약혼의 증표로 받았던 반지와 똑같은 것이었다. 메리와 제니는 에릭이 주문한 대로 에든버러 보석상에서 정성을 다해 반지를 사서 보내 주었고, 반지가 도착한 후 얼마 되지 않아 에릭은 플로렌스와 약혼식을 올렸다. 하지만 이 두 사람이 정식으로 결혼식을 치른 것은 4년이라는 긴 시간이 흐른 뒤였다.

그리스도인은 모두가 선교사입니다

에 릭 이 영 중 기 독 교 학 교 에 서

근무한 지 6년이 지난 1931년 여름, 그는 첫 안식년 휴가를 맞게 되었다. 휴가가 시작되자 그는 먼저 캐나다의 토론토에 잠시 들러 토론토 종합병원에서 교육을 받고 있던 약혼녀 플로렌스와 그녀의 가족을 만나 즐거운 시간을 보냈다. 그리고 꿈에도 그리던 부모님이 계신 스코틀랜드 에든버러로 향했다.

파리 올림픽경기대회에서 에릭이 금메달을 획득한 지 7년, 스코틀랜드 고향땅을 떠나온 지가 벌써 6년 전의 일이었다. 고향으로 돌아가는 에릭은 회환에 잠겨 그때 일을 기억하며, 보고 싶은 친구들과 가족들의 얼굴을 떠올렸다.

하지만 에릭이 에든버러 웨벌리 역에 도착했을 때, 에릭은 그동안 세월이 잠시 비켜나 있던 것이 아닌가 하는 착각에 사로잡혔다. 6년 전 중국을 향해 떠나는 에릭을 위해 수많은 사람들이 그 역을 채웠던 것처럼, 이번에도 여전히 그를 영웅으로 여기는 수많은 사람들이 열광적으로 그를 맞이하고 있었던 것이다. 그가 떠났을 때와 똑같이, 웨벌리 역에 모여든 사람들은 에릭의 이름을 부르며 그를 위해 뜨거운 갈채를 보내 주었다. 에릭은 역에 모인 환영 인파의 수효와 열기에서 자신을 향한 변함없는 사랑을 느낄 수 있었다.

에릭이 첫 번째 휴가를 스코틀랜드에서 보내게 된 공식적인 이유는 그가 6년 전 에든버러 회중신학교의 신학 코스를 이수하면서 미처 마치지 못했던 과목 하나를 다시 공부하기 위해서였다. 이 과정을 끝내야만 목사 안수를 받을 수가 있었던 것이다.

에릭은 곧바로 학교에 들러 자신이 공부해야 할 과목들을 챙겼다. 하지만 스코틀랜드의 교육, 체육, 그리고 종교계의 여러 단체들은 에릭이 학업에만 전념하도록 내버려두지 않았다. 에릭은 휴가 기간 중 신학을 공부하는 틈틈이 과거에 그가 했던 것처럼 여러 교회의 모임에 초청되어 연설을 하는 등 바쁜 일정을 보내야만 했다.

스코틀랜드 교계와 체육계의 거의 모든 인사들이 모여 마련한 그의 귀국환영행사에서 에릭은 다음과 같은 연설을 했다.

"우리 그리스도인 모두는 너나 할 것 없이 선교사입니다. 자신이 자기의 신앙을 이끄는 주체이든가, 혹은 우리의 신앙이 우리들을 인도하든가, 둘 중에 하나입니다. 가는 곳마다 우리가 사람들을 그리스도에게 인도하든가, 아니면 우리들 때문에 그들이 그리스도에게서 점점 멀어지든가 할 것입니다.

여러분은 어떤 사람입니까? 이 두 가지 중에서 어떤 삶을 살고 계십니까? 우리는 모든 사람들이 하나님 나라와 그들의 삶을 이끄는 인도자로서 예수 그리스도를 영접할 그날을 위해 일하고 있으며, 따라서 예수 그리스도를 구주로 영접하는 데 티끌만 한 망설임이나 두려움도 마음속에 품지 않아야 합니다."

에릭은 항상 신실한 기독교인들과만 교제한 것이 아니었다. 대다수 사람들은 에릭을 진실하고 모범적인 인간으로 존경했지만, 에릭이 속한 교회에 대해서는 상당히 부정적인 견해를 가지고 있었다. 그런 사람들에게 에릭은 자신이 교회와 기독교인들의 모습을 대변한다고 믿어왔기 때문에 자신의 역할에 대해서도 분명하게 말할 수 있었다. 따라서 그는 기회 있을 때마다 기독교인들이 세상에 대해 책임져야 할 역할에 대해 자신의 견해를 밝혔다.

"교회란 단지 어떠한 단체를 의미하는 것이 아닙니다. 우리가 교회라고 통상 이야기할 때 우리는 흔히 외형적인 것들, 즉 건물이나 교회의 신도들을 생각합니다. 그리고 교회의 일상적인 활동이나 혹은 교회 안의 조직과 체계만을 연상하기 쉬운데, 그것은 교회의 진정한 모습이 아닙니다. 지금 말한 이런 것들은 인간이 공유하고 있는 가건물에 불과한 것입니다. 그렇다면 진정한 교회는 무엇입니까? 생각해 보십시오. 예수 그리스도가 하나의 교제의 틀을 세우셨는데, 그것이 바로 교회입니다."

사람들의 모임, 교제와 만남. 에릭이 생각하는 진정한 교회는 바로 이런 것이었다. 그렇기 때문에 믿지 않는 사람들에게 오해를 불러일으키는 외형적인 교회의 틀에 대해서 더 책임감 있게 행동해야 한다고 생각했다. 교회가 가진 건물과 조직, 활동 체계 등에 가려져 진정한 교회의 역할이 제대로 이뤄지지 못하고 있는 것을 안타깝게 생각했던 것이다.

에릭은 자기 자신이 주일성수에 대한 설교 중에 가장 자주 등장하는 사람이라는 것을 알고 있었다. 당시 목사님들의 설교에 자주 인용되던 장본인이 첫 휴가 중 스코틀랜드의 주일성수회가 개최한 모임에 참석한 것은 본인에게도 여느 모임과는 다른 커다란 감회를 주었다. 그날 모임에서 에릭은 한 결의안을 제안하였고, 그 결의안은 곧 만장일치로 채택되어 다음날 아침 여러 신문을 통해 발표되었다.

"오늘 저녁 저희들은 많은 체육 경기들과 문화 행사들이 주로 주일에 거행되고 있는 현실에 대해 유감을 표하지 않을 수 없습니다. 그것들이 아무리 해롭지 않고 사소한 것들이라고 해도 주일의 행사는 우리 젊은이들의 건전한 활동과 관심을 해치며, 또한 많은 사람들에게 불필요한 수고를 끼치게 될 것입니다. 이제 저희 모임은 모든 청소년 단체들에게 주일 행사에 관한 이러한 면을 충분히 고려해 줄 것을 호소하는 바입니다."

에릭의 연설과 전도 활동은 그가 휴가를 마치고 스코틀랜드를 떠나던 1932년 여름까지 계속되었다. 에든버러 대학 시절 에릭과 함께 전도 활동을 하던 한 친구가 봉사하고 있던 교회에서 에릭은 또 하나의 아름다운 일화를 만들어 냈다.

1932년 1월 에릭은 글라스고우 근교의 한 자그마한 교회를 방문했다. 예배가 끝난 후 에릭은 방명록에 서명을 한 다음, 그 밑에 중국어로 뭔가를 덧붙여 썼다. 옆에서 이를 지켜보고 있던 동료가 방금 쓴 중국어가 무슨 뜻인가를 묻자, 에릭은 '항상 웃음을 잃지 말라'라는 뜻이라고 번역해 주었다. 그러자 그는 뭔가 생각났다는 듯 에릭에게 말했다.

"에릭, 우리 교회 신도 중에 자네가 방금 쓴 중국어를 꼭 보고 싶어할 만한 사람이 있네. 벨라^{Bella}라는 자매인데, 5년 전에 작업을 하다 다쳐서 눈을 잃었고, 머리 가죽이 다 찢겨져 나가는 중상을 당했어.

그 후 2년 동안에 걸친 피부이식수술 덕분에 기적적으로 회복이 되었지만, 심한 두통이 한 번씩 몰아칠 때면 거의 실신 상태에 빠져버린다네. 그리고 수술로 양쪽 귀는 사라졌고, 피부이식수술의 부작용으로 속눈썹이 자라면서 눈알을 찌르기 때문에 한 달에 한 번씩 모든 속눈썹을 족집게로 뽑아내는 고통을 감내해야 해.

그녀는 남은 한쪽 눈을 가지고 겨우 세상을 바라보며 살아가지만, 오히려 우리에게 더 많은 위로와 감동을 전해 주고 있어. 왜냐하면 그녀는 편지를 쓸 때마다 끝부분에 '항상 웃자'는 말로 우리를 격려하고 있거든. 만약 그녀가 이 글을 본다면 자네가 자신을 위해 쓴 글이라고 생각할 걸세. 그러니 이 글을 가지고 직접 한 번 만나 주면 어떨까?"

에릭은 당장 그녀를 만나기 위해 출발했다. 그는 바쁜 일정에도 불구하고 벨라가 살고 있는 작은 방으로 찾아가 함께 대화를 나눴다. 잠깐의 만남이었지만 억누를 수 없을 만큼 강한 감동을 받은 벨라는 에릭이 떠난 그날 저녁, 떨리는 손을 억누르며 에릭에게 편지를 썼다. 하나님께서 이웃을 돕는 데 그녀를 어떻게 사용하고 계신가를 알리며, 또한 자신을 찾아준 에릭에게 감사의 인사를 전하는 장문의 편지였다.

에릭은 런던에서 개최된 한 모임에서 연설을 하기 위해 막 집을 나서려던 참에 이 편지를 받게 되었다. 그는 편지를 주머니에 넣은 채 런던 행 기차에 올랐고, 자리에 앉아 편지를 읽기 시작했다. 그런데 그날 에릭이 타고 있던 기차 안에 유난히 눈에 띄는 한 청년이 있었다. 에릭의 맞은편에 앉아 있던 그 젊은이는 고개를 푹 숙인 채 인생을 포기한 사람처럼 풀이 죽어 있었다.

그 모습을 본 에릭은 잠시 후 젊은이에게 말을 걸기 시작했으며, 이야기를 시작한 지 얼마 되지 않아 이 만남이 우연히 이루어진 것이 아님을 알게 되었다. 청년은 에릭의 진지한 모습에 마음이 끌려 자신의 이야기를 털어 놓기 시작했는데, 가난하고 불우했던 어린 시절과 고통스러웠던 성장 과정, 그리고 최근에 일자리마저 없어져 완전히 삶의 의욕을 잃어버린 사실을 이야기했다. 심지어 그날 밤 자살을 결심했다는 생각까지 전부 다 고백을 했다.

에릭은 한참동안 말없이 앉아 그의 이야기를 들으며 고민을 했다. 그러고는 설교조의 훈계나 충고 따위가 오히려 이 청년에게 반발심만 일으킬 거라는 걸 깨닫고, 슬며시 주머니에서 편지 한 장을 꺼내 건네주었다. 그것은 바로 전까지 에릭이 읽고 있던 벨라의 편지였다. 편지를 받아든 청년은 희미한 열차 불빛 아래서 알아보기 힘든 벨라의 글을 읽어 내려가느라 애를 쓰고 있었다. 청년이 마침내 편지를 다 읽고 나자 에릭은 자신이 직접 만난 벨라의 이야기를 전해 주었다. 벨라의 일그러진 얼굴과 간헐적으로 찾아오는 견디기 힘든 두통에 대해서도 전해 주었으며, 그녀가 늘 주장하는 '항상 웃자'라는 말의 의미도 알려 주었다.

그러자 청년의 태도가 달라졌다. 좌절한 자신의 모습을 부끄럽게 여기며 눈물을 흘리기 시작했고, 에릭 앞에서 자신의 인생을 새롭게 출발할 것을 결심했던 것이다.

1932년 6월 22일 수요일, 에릭은 회중신학교에서 마침내 목사 안수를 받았다. 그리고 스코틀랜드에서의 즐거웠던 휴가도 끝나게 되었다. 에릭은 이제 그해 9월부터 시작되는 가을 학기에 맞춰 사역지인 톈진의 영중기독교학교로 떠나야 했다. 지난번과 달리 교사로서의 임무만이 아니라 목사로서의 사명에 대한 강한 의무감과 막중한 책임감을 느끼고 있었지만, 그것이 에릭의 마음을 억누르지는 않았다. 오히려 하나님께서 행하실 새로운 사역에 대한 커다란 기쁨과 솟구치는 기대로 가슴이 벅차올랐다.

전쟁의 위험 속에 샤오창에서 시작한
두 번째 사역

다 시 3 년 의 시 간 이 지 났 다.

그동안 에릭은 사랑하는 플로렌스와 결혼을 했고, 귀여운 두 딸, 퍼트리셔와 헤더Heather를 얻게 되었다. 아이를 얻은 기쁨은 무엇과도 비교할 수 없이 컸지만 그 사이 안타깝게도 아버지 제임스가 가족들의 곁을 떠나고 말았다. 결혼식 준비와 선교 사역으로 분주한 시간을 보내던 어느 날, 전보를 통해 아버지의 소천* 소식을 전달받았지만 당장 고향으로 달려갈 수는 없는 처지였다. 에릭에게 제임스는 아버지 이상의 존재였다. 제임스는 진정한 그리스도인의 산 표본이

소천 : 하나님의 부름을 받았다는 뜻으로 개신교에서 죽음을 이르는 말

었으며, 동시에 등불 같은 인생의 길잡이였다. 하지만 에릭은 슬픔에만 잠겨 있을 수 없었다. 그의 앞에는 하나님께서 맡겨 주신, 아버지가 못다 이루고 간 중국 선교의 막중한 사명이 놓여 있었기 때문이다.

1930년대에 접어들면서 중국은 장제스蔣介石 휘하의 국민당 군대와 마오쩌둥毛澤東이 이끄는 공산당 팔로군 간의 치열한 교전과 일본 관동군의 만주 침공에 이은 상하이 기습 공격으로 크고 작은 전쟁이 계속되면서 거의 모든 국토가 황폐해졌는데, 피해 정도는 톈진과 같은 대도시보다 오히려 샤오창과 같은 농촌과 산간지대가 훨씬 더 심했다. 따라서 농촌에서 직접 복음을 전하는 일선 선교사들의 수는 날이 갈수록 줄어들기 시작했다. 이 같은 사정은 대도시의 선교기관도 마찬가지였지만, 농촌의 부족한 일선 선교사들을 보충하기 위해서는 대도시에서 근무하고 있던 선교사들을 농촌으로 전임시키는 것 외에 달리 대안이 없었다. 그때 톈진의 영중기독교학교는 부족한 선교 인원을 감안할 때 필요 이상으로 많은 선교사를 채용하고 있다는 비난을 받고 있었다.

1935년 어느 날, 에릭은 선교본부로부터 샤오창에 가서 일선 선교사로 일해 줄 것을 요청받게 되었다. 이 무렵 샤오창은 전쟁과 가뭄에 시달리고 있었으며, 외부의 도움이 절실히 필요한 상황이었다. 하지만 그것은 곧 사랑하는 아내 플로렌스와 어린 두 딸과의 이별을 의미하는 일이었기 때문에 에릭은 고민하지 않을 수 없었다. 그 무렵 친구들에게 썼던 편지 속에서 에릭의 고민을 읽을 수가 있다.

「일손이 부족한 일선 선교 현장의 어려운 사정들을 목격하면서, 과연 내가 일선 선교에 부름을 받았는가에 대해 확신을 얻기 위해 올여름 내내 많은 개인 시간을 가졌어. 하지만 아무리 생각에 생각을 거듭해도 나의 기질이나 교육 배경은 일선 선교보다는 가르치는 일에 더욱 적격이라는 결론을 내렸어. 게다가 현재 학교 상황은 교사 한 명이 줄어들게 되면 그에 따른 피해가 생각보다 훨씬 큰 어려운 형편에 있어. 그렇기 때문에 내가 일선 선교사로 나가는 일은 결코 쉽지가 않아.」

그의 편지는 또 이렇게 이어진다.

「이번 주 동료들과 함께 1년 반 정도의 기한으로 일선 선교를 도울 수 있는 가능성에 대해서 이야기했는데, 모두가 하나같이 그건 시간 낭비라는 의견이었어. 사실 내 중국어 실력은 직접 선교 활동을 하기엔 많이 부족해. 내가 만약 일선 선교를 지망한다면 이 기회를 통해 중국어 실력이 더 좋아질 수는 있을 거란 생각이 들어. 하지만 나는 지금 학교에 남는 것밖에 다른 선택을 할 수가 없어. 그리고 주님이 나를 일선 선교사로 쓰시려 한다는 것에 대해 확신할 수도 없고…….」

하지만 에릭의 이런 생각에도 불구하고 일선 선교에 대한 압력은 점점 그의 마음을 억누르고 있었다. 그 압력 중에 하나는 경제적인 것이었는데, 본국으로부터의 지원이 줄어들고 있는 런던선교회로서는, 교사로 근무하는 한 명의 선교사를 일선 선교사로 전임시키는 것이 경제적 부담을 더는 일이기도 했다. 이런 기로에서 선교본부는 1936년 7월, 우선 4개월 간 시험적으로 에릭을 샤오창의 일선 선교사로 근무시킬 것을 결정했다. 통보를 받은 에릭은 가족들과 헤어져 넉 달 동안 샤오창 일대를 돌아다니며 선교를 했다. 그리고 그 후 거취에 대한 결정은 전적으로 에릭 자신에게 맡겨져 있었다. 실제로 농촌 주민들과 함께 생활하며 복음을 전하면서, 에릭은 자신을 향한 하나님의 또 다른 계획들을 깨닫기 시작했다.

에릭이 샤오창의 선교본부에 도착했을 때, 선교본부 구내병원 의사로 근무하던 형 로버트와 그를 보좌하던 간호사 애니 바흔Annie Buchan은 에릭을 반갑게 맞이했다. 에릭의 부모인 제임스와 메리를 기억하고 있던 중국인 신도들 중에는 에릭의 손을 잡고 눈물을 흘리는 사람도 있었다.

에릭이 샤오창의 선교본부 구내에 머물던 기간은 일주일에 하루 혹은 기껏해야 이틀 정도였으며, 대부분의 시간은 밖에서 보냈다. 자전거나 혹은 노새가 끄는 짐마차를 타고 울퉁불퉁한 산비탈을 다니며 산골에 사는 중국인 신도들을 격려하거나, 예배나 성경공부 모임 등을 돕는 일이었다. 숙식은 보통 중국인 신도의 가정에서 해결했으며, 그가 머물던 집에 끼니가 없으면 함께 굶기도 하고, 밤에는 거적* 같은 것을 덮어쓰고 잠을 청하는 경우도 다반사였다.

에릭은 그의 이름을 정확하게 발음하지 못하는 중국인들에게 그의 아버지 제임스와 같이 '리무쉬'라고 불려졌다. 중국어 실력이 부족했던 에릭은 선교 활동 외에 대평원 지역의 여러 사투리를 배우는 등 중국어 공부에도 열심을 냈으며, 중국어로 번역된 신약성경을 가지고 다니면서 틈틈이 필요한 성경구절을 중국어로 암기하기도 했다.

샤오창에서 첫 해를 보내면서 에릭은 그의 선교보고서에 다음과 같이 감회를 적고 있다.

「1938년은 아마도 내 인생에서 잊지 못할 한 해가 될 것이다. 올해 나는 처음으로 시골의 일선 선교를 시작했는데, 이곳에서 벌어지고 있는 일들은 너무나도 다양하고 변화가 빨라서 마치 만화경을 들여다보고 있는 것 같은 착각이 들 정도다.」

런던에 위치한 런던선교회 간사 중 한 사람이었던 처권 목사Rev. A. M. Chirgwin는 당시 중국을 방문하면서, 샤오창 선교본부의 에릭과 며칠 동안 시간을 보낸 적이 있는데, 그때 일을 다음과 같이 기억하고 있었다.

「샤오창을 방문하는 동안 나는 에릭과 함께 톈진, 푸코우 간을 운

* 짚을 새끼로 두툼하게 엮어 자리처럼 만들어 물건을 덮는 데 쓰던 허름한 도구

행하는 열차를 타고 여행을 하게 되었다. 그런데 갑자기 열차 안내원이 "일본군의 폭격으로 철로가 두절되었으니 남쪽으로 280리가량 걸어가 그곳에서 기다리고 있는 열차를 타라."고 승객들에게 지시했다. 그래서 에릭과 나는 짐을 들고 남쪽으로 걸어갔다. 가는 도중에 우리는 불타고 있는 짐들과 뒤집어져서 뒹구는 마차들의 처참한 광경을 목격할 수 있었다.

그날 나는 열차가 기다리고 있는 곳에 도착하기 전에 다른 목적지를 향해 떠났고, 에릭은 혼자 열차가 도착하는 곳까지 걸어갔다. 나중에 들으니 에릭이 기다리던 열차는 무려 20시간이나 후에 도착했다고 하는데, 에릭은 허허벌판에서 추위와 싸우며 20시간을 홀로 지새웠다고 한다.

그날 같이 걸으면서 에릭이 내게 이런 이야기를 해 주었다.

"요즘 이곳에서 석탄을 구하기란 정말 하늘의 별따기 만큼이나 힘듭니다. 이곳에서 채굴되는 석탄은 모두 일본군들이 징발해 가기 때문에 하는 수없이 톈진으로부터 1600리를 뗏목 위에 석탄을 싣고 날라야 하는 형편입니다. 지난주에도 제가 톈진에서 뗏목에 석탄을 실어 나르는 도중 도적떼를 만났는데, 샤오창의 선교본부에 전해 주어야 할 돈을 거의 다 털렸습니다. 그래서 하는 수없이 석탄을 뗏목 위에 그대로 내버려둔 채 톈진으로 다시 돌아가 돈을 새로 받아와야 했습니다. 그 후로는 항상 돈 관리에 신경을 쓰고 있습니다."

에릭은 돈을 부풀려 만든 빵 속에 집어넣고 다녔다. 그래서 그날부터 나도 에릭의 충고대로 돈을 속옷 깊숙한 곳이나 신발 속에 넣어 가지고 다녔다.」

　북중국 대평원의 구석구석을 돌아다니며 전도 여행을 할 때 에릭의 경계 대상은 곳곳에 출몰하는 도적떼들이나, 선교사들을 적대시하던 공산당만이 아니었다. 북중국 주요 도시들뿐만 아니라 철도와 통신망까지 장악하고 있던 일본군의 잦은 검문과 서양 선교사에 대한 노골적인 협박과 괴롭힘 또한 그가 감수해야 할 몫이었다. 특히 한 달에 한 번 그가 가족들을 만나기 위해 톈진에 갈 때는 중국군들이 관할하는 구역과 일본인들이 통제하는 지역을 통과해야 했는데, 그때마다 일본군들은 까다롭게 몸을 수색하거나 생트집을 잡기 일쑤였다.

　에릭과 함께 여행을 했던 현지 중국인 목사 중 한 사람은 일본군의 노골적인 압력과 협박에 당당하게 맞섰던 에릭을 보고 이런 증언을 남겼다.

「에릭은 지칠 줄 모르는 체력과 성령 충만함으로 북중국 대평원에 흩어져 있는 그리스도인들을 찾아다니며 그들의 신앙을 격려하였습니다. 그는 일본 군인들을 대할 때도 일본군의 반응이 어떠하건 간에 시종일관 웃음과 겸손함을 잃지 않았습니다. 하지만 그런 웃음 속에도 절대 타협은 없었습니다. 겸손했지만 당당한 모습으로 오히려 의연하기까지 했습니다.

샤오창의 선교본부를 없애려고 갖은 노력을 다하던 일본군들이 에릭을 심문하기 위해 소환할 때면 에릭은 혼자 자전거 페달을 밟아 25리나 떨어진 일본군 헌병대에 도착한 다음 예의 있는 웃음과 단호함으로 일본군들의 계획을 번번이 좌절시키곤 했습니다. 그 같은 모습에선 수년 동안 톈진의 영중기독교학교 교사로 근무했던 흔적은 전혀 찾아볼 수 없었습니다. 저는 그의 변신에 경이로움을 금할 수가 없었죠. 에릭과 같은 훌륭한 크리스천을 알게 된 것은 전적으로 하나님이 제게 주신 특권이라고 생각합니다.」

지극히 작은 것에 충성하는 자가
큰 것에도 충성한다

샤 오 창 에 서 선 교 를 시 작 한 지

1년 정도 지난 1939년 2월 중순 어느 날, 에릭은 평생 잊지 못할 놀라운 체험을 하게 된다. 그날 일어난 일에 대해 에릭은 스코틀랜드 친구들에게 상세하게 편지로 전했다.

「1939년 2월 17일 금요일 저녁. 몇몇 동료와 함께 톈진에서 열린 선교 모임에 참석하고 샤오창으로 돌아오던 길에 우리는 마을 어떤 주민으로부터 약 80리가량 떨어진 사원에 한 사람이 쓰러져 있다는 얘기를 들었어. 하지만 아무도 그 사람을 구하러 가지 못했지. 왜냐하면 구출해오는 도중에 일본군과 마주칠 것을 두려워했기 때문이야. 그래서 감히 그 사람을 병원으로 옮겨올 엄두도 내지 못하고 있었어. 그러던 차에 한 중국인이 나를 가리키며 이렇게 말하더군. "만약 당신이 동행해서 함께 가준다면 제가 가겠습니다." 나는 그가 나에게 신뢰감을 가지고 있다는 걸 느꼈고 기뻐하며 흔쾌히 그의 요청을 승낙했지.

하지만 그때부터 모든 상황들은 참으로 힘겹고 어려운 것들이었어. 우리는 함께 떠날 수 없었기 때문에 다음 날 아침 일찍, 중국인이 먼저 달구지를 타고 길을 떠났고, 나는 몇 시간 지난 뒤에 자전거를 타고 쫓아갔어. 저녁 무렵 달구지는 후어저우라는 마을에 도착했는데, 나는 그곳에서 15리 정도를 더 가서 가까운 마을을 찾았지. 그곳은 부상당한 중국인이 누워 있다는 사원에서 가장 가까운 마을이었는데, 그곳 사람들에게 부상당한 사람을 옮기는 데 필요한 도움을 구해보려고 했던 거야.

부상당한 중국인의 집은 중국 정부군과 관계가 있었는데, 일본군이 마을에 진주하면서 그 사람의 집을 불태워버리고 또 그를 잔인하게 구타했다고 하더군. 일본군이 돌아간 후 그 집에 들른 그의 친구 중 한 사람이 아직 친구의 생명이 끊어지지 않았음을 보고 그를 살리려는 마음에 급히 그를 업어서 마을 후미진 곳에 있는 사원에 옮겨놓았다는 거야. 그러고는 일본군의 눈을 피해 끼니때마다 음식을 갖다 주곤 해서 겨우 목숨을 유지하고 있었지만, 벌써 5일 간이나 사원 구석의 맨바닥에 얇은 모포만을 덮은 채 신음하고 있던 그 사람은 생명이 위험할 지경이었어. 왜냐하면 그즈음의 날씨가 밤낮으로 영하를 밑도는 추운 날씨였거든. 그런 상황에서 어쩌면 그 사람이 살아 있다는 것은 기적과 같은 일이었지.」

흥미진진한 에릭의 사연은 계속해서 이어졌다.

「그날 저녁 땅거미가 어둑해져오자 나는 몰래 사원으로 올라가 쓰러져 있는 중국인에게 속삭였어. "내일 당신을 데리러 오겠습니다. 내일 아침까지만 참으세요." 급히 이 말을 전한 뒤 나는 그 길로 중국인 달구지꾼이 기다리고 있는 후어저우로 향했지. 가는 도중 마을 주변 곳곳에 탱크로 무장한 일본군들의 모습을 볼 수 있었는데, 과연 잘 구출할 수 있을지 모든 것이 미지수였어.

그날 밤 입고 있던 낡은 양피 코트를 덮어쓰고 잠을 청하기 위해 드러누웠지만, 다음 날 일에 대한 여러 가지 생각과 걱정으로 도저히 잠을 이룰 수가 없었어. 도중에 만약 일본군이라고 만나면 무슨 말을 해야 하나? 이런저런 생각을 하며 뒤척이고 있는데, 문득 내가 양피 코트 속에 항상 넣어 가지고 다니던 중국어 신약성경이 손에 잡히는 거야. 그래서 성경을 꺼내 무심코 펼쳤더니 누가복음 16장 10절 말씀이 내 눈앞에 나타난 거였어.

"지극히 작은 것에 충성된 자는 큰 것에도 충성되고 지극히 작은 것에 불의한 자는 큰 것에도 불의하니라."

마치 그 순간에 하나님께서 내게 직접 말씀하시는 것 같았어. 나는 어쩌면 내가 한 사람을 구하기 위해 생명을 거는 것이 어리석고 무지한 선택이 아닐까 고민해왔는지도 몰라. 하지만 그때까지의 생각이 잘못됐다는 것을 알게 됐지. 나는 작은 일에 충성하는 자가 되기로 다시 결심했고, 모든 고민을 하나님 앞에 맡겨 버렸어. 그리고 곧 성경을 덮고 잠이 들었어.

다음 날 이른 새벽에 나와 중국인 달구지꾼은 사원으로 향했지. 그 날은 또한 중국 사람들의 큰 명절인 음력 설날이었는데, 그래서인지 사원에는 여러 사람들이 모여 있었어. 그리고 심지어 부상당한 사람을 죽은 사람인 줄 알고 옆에서 향을 피우기도 했지. 나는 놀라서 얼른 사람들을 밖으로 나오게 하고는 향내보다 신선한 공기가 아픈 사람이나 다친 사람에게 더 좋다는 얘기를 해 주고 성경 말씀을 읽어 주었네.

이윽고 부상당한 사람을 달구지에 싣고 나서 우리는 다시 후어저우로 향했어. 도중에 우리가 지나간 길은 마치 군대의 참호들이 쭉 늘어선 곳을 사열하는 것과 같았지. 모든 길들이 포탄의 흔적으로 패여 있었고, 우리가 타고 가던 달구지는 자꾸만 구덩이에 빠지곤 했어. 우리가 힘겹게 후어저우에 도착했을 때 우리는 그 근처에 또 한 사람이 다쳐서 누워 있다는 이야기를 듣고 가서 보기로 했지. 그는 헛간 안에서 더러운 헝겊 뭉치 같은 것으로 잔뜩 동여맨 채 거적에

비스듬히 누워 있었는데, 나는 결코 그 사람도 포기할 수가 없었어.

"우리 달구지는 겨우 한 사람만 탈 수 있을 정도로 작은 것입니다. 만약 당신이 걸터앉아 50리가량을 여행할 수만 있다면 당신을 샤오창에 있는 병원으로 옮겨다 주고 싶습니다. 같이 가시겠습니까?"

그는 좋다고 고개를 끄덕였어. 하지만 위험은 그것만이 아니었어. 사실 이동 중에 일본군을 만난다면 두 중국인 환자를 포함한 우리 일행의 안전은 보장할 수 없는 상황이었지. 사원에서 처음 구한 환자는 달구지에 눕히고, 헛간의 남자는 걸터앉게 한 후 긴 여행을 계속했어. 우리 일행의 남쪽 방향에서 일본군 비행기들이 계속 상공을 선회하고 있었는데, 이것은 바로 우리가 일본군 부대와 같은 방향으로 이동하고 있다는 걸 암시하는 것이었어.

하지만 하나님께서는 우리를 지켜 주셨고, 우리 모두는 안전하게 그날 오후 4시경 샤오창의 선교병원에 도착할 수 있었어. 안타깝게도 사원에 쓰러져 있던 사람은 이틀이 지나 숨을 거두었는데, 다행히 두 번째로 구출해 온 헛간의 남자는 수술을 받고 회복되기 시작했지. 그 중국인은 회복이 되면서 예수님을 영접했고, 점차 성경적인 지식들을 배워 나가기 시작했어. 그가 병원에 머무는 동안 나와 동료들은 그가 화가였음을 알게 되었고, 그를 위해 그림을 그릴 수 있는 재료들을 구해 주었지. 그러자 그는 다시 정력적으로 그림을 그리기 시작했는데, 고맙게도 나에게 감사의 표시로 그림을 몇 점

선물했어. 그가 나에게 선물한 그림 중에 하나인 모란이 그려져 있는 그림에는 다음과 같은 글귀가 적혀 있었어.

"그대 모란꽃는 나라중국의 백미*일세. 그대의 온화함과 자태는 오직 하나님께만 속하리."」

에릭의 글은 이렇게 끝났다.

자신의 목숨을 걸고, 사람을 구하기 위해 위험 속으로 달려 들어갔던 이 상황 속에서 에릭은 또 한 번 하나님의 도우심을 경험할 수 있었다. 그리고 이후 그의 삶 속에 이것은 특별한 간증이 되었다. 작은 일에 충성하는 것, 그것은 나중에 펼쳐질 그의 험난하고 어려운 삶에 대한 준비 과정이었는지도 모른다.

에릭을 통해 생명을 건지고 하나님을 영접한 이 화가는 그 후에도 몇 점의 그림을 더 선물했는데, 에릭은 이 그림들을 소중히 간직했다가 안식년에 스코틀랜드로 가져가 친구들에게 선물을 했다. 특히 모란꽃이 그려진 그림은 에릭의 팬클럽을 만든 엘자에게 결혼 선물로 전해졌는데, 엘자는 평생 이 그림을 소중히 간직했다고 한다. 그리고 에릭이 세상을 떠난 후 '에릭 리들 추모위원회'가 결성되었을 때 이 그림의 복사본을 한 장당 25펜스**에 판매하여 그 수익을 모두 복음 전파에 사용하기도 하였다.

白眉 : 흰 눈썹이라는 뜻으로, 여럿 가운데에서 가장 뛰어난
사람이나 훌륭한 물건을 비유적으로 이르는 말

pence : 영국의 화폐 단위로 1펜스는 1파운드의 100분의 1이다

선한 싸움 다 싸우고

어 느 덧 에 릭 은 두 번 째 안 식 년 휴 가 를

맞이하였다. 그 무렵 스코틀랜드의 한 친구에게 보낸 서신에서 에릭
은 두 번째 안식년 휴가와 그의 가족들의 근황에 대해 이렇게 적었다.

「가족들은 샤오창의 혼란하고 험난한 분위기 때문에 나와 동행하
지 못하고, 1939년 내내 톈진에 머물러 있었어. 그해 톈진에서 열
린 선교 모임과 여름 휴가 덕분에 우리 가족은 모처럼 2개월 정도
행복한 시간을 보내게 됐지. 퍼트리셔가 세 살 반, 헤더가 두 살 반

이나 된 걸 알고 있나? 이 또래 아이들이 자라는 건 정말 신기할 정도로 빠르다니까. 내가 톈진에 들를 때마다 깜짝깜짝 놀랄 수밖에 없어. 올해, 그러니까 1939년 우리 가족은 휴가로 고향에 다시 들를 예정이야. 아직 배편을 예약한 것은 아니지만 대략 6월 중순 정도에 이곳을 떠나 캐나다를 거쳐 스코틀랜드로 향할 예정이지.」

　에릭과 그의 가족들이 안식년 휴가를 맞을 무렵 톈진도 그다지 안전한 피신처가 아니었다. 일본군들은 전쟁 군수품을 조달하기 위해 헤로인＊을 들여와 중국인들에게 먹여 그들을 마비시켰고, 또 일본에서 값싼 상품을 대량으로 들여와 중국의 영세 상인들을 무참히 짓밟고 있었다. 이제 중국의 주요 통신과 교통망은 일본군들의 삼엄한 통제 아래 들어갔으며, 일본이 배후에서 조종하는 신문사들의 허위 날조 기사들로 가득한 신문들만이 시중에 난무하게 되었다.
　이러한 상황에서 톈진에 거주하던 외국인들이 접할 수 있었던 유일한 정보원은 톈진의 한 영국 일간지였는데, 이 신문도 일본의 탄압으로 오래 견디지 못하고 곧 폐간을 당했다. 따라서 톈진에 거주하던 외국인들은 친구나 가족들이 보내 주는 편지와 본국의 신문 등을 통해 겨우 세상 돌아가는 형편을 짐작할 수 있을 뿐이었다.

　에릭과 그의 가족들이 캐나다에 도착하여 플로렌스의 부모가 살고 있던 토론토에서 즐거운 시간을 보내고 있을 무렵, 유럽에서는 히틀러와 나치＊＊들의 무자비한 폴란드 침공으로 제2차 세계대전의

heroin : 흰색 가루로 마약의 일종

Nazi : 반민주, 반공산, 반유대주의를 내세운
히틀러를 당수로 한 독일의 독재 정당

불길한 기운이 싹트고 있었다.

그때까지만 해도 세계의 해상권을 장악하고 있던 영국과 미국의 해군은 독일 잠수함들의 무차별 공격에 대응하여 모종의 보복 수단을 강구하는 중이었으며, 이로 인해 대서양을 횡단하던 민간 여객선들조차 양측 전함들의 표적이 되고 있었다. 따라서 캐나다를 거쳐 스코틀랜드로 향하려던 에릭 가족의 계획은 다소 변경되어 우선 에릭만 혼자 스코틀랜드로 향하기로 하고, 상황을 봐가며 가족들이 뒤따라오기로 했다. 이리하여 에릭은 혼자서 스코틀랜드로 출발했는데, 다행히 아무 탈 없이 대서양에 도착할 수 있었다.

스코틀랜드의 많은 신문들은 에릭의 귀국 소식을 대대적으로 알렸다. 하지만 기차 난간을 내려오는 에릭의 모습은 예전과는 달리 얼굴에서 세월의 흐름을 실감하게 했으며, 머리는 더욱 벗겨져 있었다. 그렇지만 15년 전 올림픽 챔피언으로 웨벌리 역에 개선했을 때나, 진지함을 지닌 한 중년 신사로 탈바꿈한 당시나 에릭은 스코틀랜드인들에게는 언제나 자랑스러운 그들의 아들이었다.

스코틀랜드에 머무는 동안 에릭은 어머니 메리와 함께 지내며 중국에서 그동안 그가 겪은 일들을 들려주었다. 에릭은 자신의 유머 감각을 발휘하여 재미있게 이야기를 꾸며갔지만 중국의 대평원에서 일선 선교사로 일해 온 어머니는 그의 생활이 얼마나 위험하고 위태로운 것이었는가를 잘 알고 있었다.

에릭은 가능하면 휴가 기간 동안 홀로 된 어머니를 곁에서 돌보며 많은 시간을 보내려고 생각했다. 하지만 스코틀랜드의 여러 단체와 인사들은 에릭에게 그와 같은 한가한 시간을 허락하지 않았다. 에릭은 각종 모임과 행사에 참가했으며, 그밖에 그가 속한 런던선교회를 위한 모금과 선교 지망자 확보를 위한 여러 모임에 참석하며 바쁜 일정을 보냈다.

에릭이 홀로 스코틀랜드에 도착한 다음 해인 1940년 3월, 플로렌스와 두 딸은 캐나다를 떠나 에릭의 품에 안겼다. 그리고 오랜만에 행복하고 단란한 시간을 보냈다. 에릭의 가족이 모처럼의 평화를 누리는 동안 세계는 바야흐로 제2차 세계대전의 본격적인 장으로 돌입하고 있었으며, 유럽을 비롯한 극동의 상황은 일촉즉발의 위험한 지경에 놓여 있었다. 특히 중국에 거주하던 외국 선교사들에게 그 상황은 더욱 심각하게 보였다. 그때 에릭을 아끼던 스코틀랜드의 동료와 친구들은 험악해져 가는 중국의 정세를 염려하며, 에릭에게 중국으로 돌아가지 말고 스코틀랜드에 남아서 전도 사업과 목회 활동을 할 것을 권하기도 했다. 하지만 에릭은 자신에게 맡겨진 사명이 무엇인지를 분명히 알고 있었다.

에릭은 중국으로 돌아갈 것을 결심했다. 그해 여름 샤오창에서의 일선 선교 사업을 계속하기 위해 그는 가족과 함께 캐나다를 거쳐 중국으로 떠나는 여행을 시작한 것이다. 스코틀랜드에서 캐나다까지 대서양을 횡단하는 여행은 여전히 위험천만한 것이었다. 리들 가족이 탄 배는 그다지 크지 않은 여객선이었는데, 약 50척 가량의 다른 배들과 함께 5열로 줄을 지어 영국 해군의 호위를 받으면서 대서양을 항해해 나갔다.

대열이 아일랜드 연안을 벗어날 무렵 일부 배들이 독일군 잠수함의 어뢰 공격을 당하는 위험한 일이 발생했다. 다행히 어뢰는 불발탄으로 끝났고, 에릭의 가족이 탄 배는 다시 항해를 시작했다. 그 후 배들은 독일군 잠수함의 공격을 피하기 위해 지그재그로 움직이며 항진해야 했다. 하지만 다음 날 저녁, 에릭과 그의 가족이 타고 있던 바로 뒤의 한 여객선이 독일군의 어뢰 공격을 받아 침몰하고 말았다. 그리고 몇 분 간격으로 여러 척의 화물선들이 가라앉거나 기우뚱거렸다. 이러한 공포 속에 모든 승객들은 잠을 잊은 채, 구명조끼를 착용하고 해제 신호가 떨어지기만을 기다리고 있었다. 특히 어린아이와 노약자들은 심한 배 멀미와 극심한 구토증에 시달려야 했다.

영국 해안을 떠난 지 하루 반 정도가 경과한 즈음, 이들 배의 행렬은 안전상 서로 항로를 분산해 여러 갈래로 항진을 계속하기로 결정했다. 그 결과 독일군 잠수함에 의해 도중에 몇 척의 배가 크고 작은 피해를 입은 것을 제외하고는 무사히 독일군의 공격권을 벗어나 대서양의 공해로 진입할 수 있었다.

구사일생으로 캐나다에 도착한 에릭과 그의 가족들은 토론토에서 며칠 머문 뒤, 1940년 10월 말경 무사히 톈진으로 돌아왔다. 하지만 이미 안전하고 평화로운 삶은 이들로부터 멀리 떨어져 있었다. 눈에 보이는 치열한 전쟁의 소용돌이 저 너머로 더 숨 가쁘고 가파른 영적 전쟁의 선한 싸움이 에릭과 그의 가족들을 기다리고 있었다.

톈진의 연합교회 성경공부반 아이들과 함께한 에릭 리들(오른쪽 가운데). 그는 아이들에게 '천국은 하나님이
다스리는 나라인데, 내 마음속을 하나님이 다스리시면 곧 내 마음이 천국이 된다'고 가르쳤다.

완
전
한 순
종

4

많은 사람들은 우리가 선과 바른 것을 행하며, 주위 사람들을 돕고,

정결한 삶을 산다면 구태여 교회에 나갈 필요가 없다고 생각한다.

하지만 이런 것들은 하나님이 우리에게 요구하시는 외형적인 것들일 뿐이다.

기독교의 진수는 이러한 '하나님이 요구하시는 것들' 이 아니라

'예수 그리스도가 우리를 위하여 행하신 일들' 이다.

우리에게 필요한 것은 단순히 성경적인 지식을 쌓아 나가는 것이 아니라

하나님의 말씀에 우리의 삶을 온전히 순종시키는 결단을 행하는 것이다.

수용소에서 에릭이 아이들을 가르치며 한 말 중에서

아내와 두 딸과의 마지막 이별

올 것이 오고야 말았다. 샤오창의 선교본부는 일본군에 의해 강제로
그 활동을 정지당했고, 그곳에서 봉사하던 선교사들은 다시 올 날을
기약하며 정든 선교본부를 등져야 했다. 선교사와 그들의 동역자들
은 그저 자신의 옷가방만을 든 채 내쫓기듯 사역지를 빠져나갔다.
에릭의 형 로버트와 그의 가족들도 스코틀랜드로 돌아가기 위해 서
둘러 샤오창을 떠났다.

에릭도 마찬가지였다. 샤오창에서 빠져나온 에릭은 직장을 잃

어버린 실직자의 모습으로 톈진을 향했다. 선교본부로부터 다음 사역에 대해 지시를 받을 때까지 당분간 가족과 함께 머무르며 톈진 내의 다른 일을 돕기로 했다. 하지만 톈진이라고 해서 위험에서 벗어나 있는 것은 결코 아니었다. 그동안 비교적 안전한 피신처라고 여겨지던 톈진에도 일본군의 통제와 핍박이 하루가 다르게 강화되고 있었다.

톈진에 도착한 에릭은 이 도시에도 많은 위험이 도사리고 있다는 것을 직감할 수 있었다. 아직 일본이 영국에 정식으로 선전포고를 하지는 않았지만 그것은 이제 시간 문제였다. 앞으로의 모든 상황들은 불투명했고, 어느 곳도 안전하지 않았다. 중국에 있는 영국인들 사이에서는 조만간 그들 모두가 수용소로 보내질 거라는 불길한 소문까지 나돌기 시작했다. 사람들의 불안감이 점점 극에 달할 무렵, 에릭은 가족들을 위해 어떤 결정이든 내려야 했다.

"여보, 잠시 어머니 댁에 다녀오면 어떨까?"
에릭은 부드럽게 아내 플로렌스에게 말했다.
"당신, 이곳을 떠날 수 있는 건가요? 그렇다면 너무 다행이에요. 그렇지 않아도 출산 예정일이 다가와서 친정에 가고 싶다고 생각했었거든요. 게다가 일본군이 언제 우리를 괴롭힐지 모르니…… 당장 떠나요. 에릭!"

하지만 에릭은 떠날 수가 없었다. 아직도 위험을 무릅쓰고 남아 선교와 봉사에 열심을 내고 있는 다른 동료들을 두고 혼자만 떠날 에릭이 아니었다.

"그래. 가서 안전하게 아이도 낳고 몸조리도 하면 좋을 거야. 그런데 나는 함께 못 갈 것 같아. 상황을 봐서 뒤쫓아 가는 걸로 할 테니 당신 먼저 출발해요."

에릭은 가족들의 안전에 신경을 쓰지 않을 수 없었다. 세 번째 아이를 잉태하고 해산을 얼마 남기지 않은 플로렌스가 이런 곳에서 출산과 산후 조리를 한다는 것은 지극히 위험한 일이었다. 또한 사실상 선교 활동이 전면적으로 제한을 받고 있던 당시 형편에서 가족이 함께 남아 할 만한 일도 없었다. 그리고 아직 어린 두 딸, 퍼트리셔와 헤더를 생각할 때 그의 가족이 톈진에 계속 머무른다는 것은 모든 면에서 무의미하게만 느껴졌다.

이 문제를 놓고 플로렌스와 에릭은 많은 이야기를 나누었고, 계속해서 하나님 앞에 기도를 드렸다. 그 결과 결국 플로렌스와 두 딸을 캐나다로 먼저 보내기로 결정했고, 에릭은 혼자 남아 잠시 머무르며 앞으로의 상황을 지켜보기로 했다. 만약 상황이 좋아진다면 아이를 출산한 뒤에 아내가 중국으로 다시 돌아올 때까지 에릭이 가족을 기다리는 것이고, 더 나빠진다면 에릭이 중국 생활을 정리하고 아내 곁으로 가기로 한 것이다.

1941년 5월 초, 플로렌스와 두 딸은 에릭과 헤어져 캐나다로 향했다. 헤어지는 그들의 허전한 마음은 말로 다 표현할 수 없었지만, 두 사람은 잠깐 동안의 헤어짐일 뿐이라고 생각했기 때문에 모든 것을 이겨낼 수 있었다. 두 사람은 '하나님을 사랑하는 자들에게는 결코 마지막 만남이란 없다.'는 말을 되새기며 서로를 위로했다.

　　그때 일을 훗날 플로렌스는 다음과 같이 회고했다.

　　"물론 그것은 대단히 힘든 결정이었습니다. 저는 끝까지 혼자 떠나고 싶은 마음이 없었으니까요. 하지만 일본이 조만간 제2차 세계대전에 본격적으로 개입하리라는 것은 너무도 확실했습니다. 그때 제가 더 강하게 우겼더라면 그이와 함께 떠날 수도 있었겠지만, 꼭 그렇게 해야 한다고는 생각하지 않았습니다. 제가 왜 그렇게 에릭을 좀 더 끈질기게 붙잡지 않았었는지 저 자신도 이해할 수가 없습니다. 에릭은 제가 아이들과 함께 캐나다에 머무르면 마음이 훨씬 편하겠다고 얘기했습니다. 출산을 앞두고 있던 저로서는 그이의 결정이 옳다고 생각했습니다.

　　당시 그이가 중국해서 해야 할 일은 사실 별로 많지 않았습니다. 그 사람이 홀로 중국에 남기로 한 이유는 자기 일 때문이라기보다는 중국에 머무르기로 한 다른 사람들을 고려한 결정이었습니다. 저는 그때의 이별이 그저 늘 우리에게 있어 왔던 또 한 번의 이별일 거라고만 생각했습니다. 그것이 이 세상에서 그이와의 마지막 이별이 되리라고는 정말이지 꿈에도 생각해 본 적이 없었습니다. 늘 그랬던 것처럼, 1년, 2년 정도의 일시적인 헤어짐이라고 생각했는데…… 어떻게 그렇게 순진할 수 있었는지 지금 생각해도 제 자신이 너무 어리석게 느껴집니다."

그랬다. 잠깐 헤어져 있을 뿐이라고 생각했던 이들 부부에게 그것은 돌이킬 수 없는 긴 이별이 되고야 말았다.

가족을 떠나보내고 에릭은 다시 톈진으로 돌아와 프랑스 조계의 한 아파트에서 그의 은사이자 영중기독교학교 교사로 함께 근무한 바 있던 칼린A. P. Cullen과 함께 생활했다. 샤오창의 선교본부가 폐쇄되고, 톈진에서의 선교 활동도 사실상 정지 상태에 있었으므로, 에릭은 그의 인생에서 처음으로 할 일이 없는 시간을 보내고 있었다. 하지만 천성적으로 부지런한 에릭이 멍하니 시간을 때우고만 있을 수는 없었다. 에릭은 또 다시 분주히 자신을 움직였는데, 다름 아닌 책을 쓰기 시작한 것이었다.

당시 그가 저술한 책의 제목은 《예수 그리스도의 제자가 되기 위한 크리스천 신앙 지침서Manual of Christian Discipleship》였다. 이 책은 매일 반복되는 기도와 성경 읽기 시간을 어떻게 하면 유용하게 보낼 수 있는지 체계적인 원칙과 원리를 가르쳐 주도록 만들어졌다. 또 성경 구절을 찾아 주석을 붙이고, 에릭 자신만의 독특한 해석을 달아 완성했다. 이 책의 또 다른 특징은 365일 즉, 1년 동안 지속할 수 있도록 엮어졌다는 것이다. 에릭은 자신이 쓴 책이 초신자들에게 신앙 생활의 길잡이가 되기를 간절히 바랐다. 그래서 매일매일 지켜오고 있는 자신의 기도와 성경공부시간에 메모했던 것들, 그리고 이미 1937년에 발행했던 소책자 《산상수훈에 대한 상고들Reflections on the Sermon on The Mountain》을 기초 자료로 삼았다. 그밖에 에릭은 자신의 책을 중국인 동료들의 도움을 받아 중국어로도 번역할 계획을 가지고 있었다.

에릭이 한창 저술에 몰두해 있을 그해 9월, 자신의 세 번째 아이 출생을 알리는 한 통의 전보가 그의 아파트로 날아들었다. 에릭은 셋째 아이도 여자 아이라는 것을 알고는 이름을 마린Maureen이라고 지었다. 전보를 받은 지 열한 시간이 지난 후, 에릭은 장문의 편지를 띄우기 전에 먼저 우체국에 들러 플로렌스에게 짤막한 전보 한 통을 띄웠다.

"Wonderful News, Love, Eric."

일본군의 집회 금지령 속에서
가정 예배를 드리다

　　　　　　세 상 은　급 박 하 게　돌 아 가 고　있 었 다 .

1941년 12월 7일, 일본은 마침내 진주만을 기습함으로써 자신들의
총부리를 미국에게 직접 겨누기 시작했다. 미국을 전쟁 상대로 맞이
한 일본은 이제 독일과 이탈리아를 제외한 전 유럽 국가들에도 선전
포고를 한 셈이었다.

　　일본의 진주만 공격이 개시된 다음날인 12월 8일, 톈진에 남아
있는 선교사들에게 또 다른 압력이 가해졌다. 런던선교회 소속의 선
교사와 그들의 숙소가 위치해 있던 프랑스 조계가 일본군 지역사령

관에 의한 폐쇄 명령을 받은 것이다. 에릭은 더 이상 자신이 살던 아파트에서 생활할 수가 없게 되었다. 그래서 가족이 캐나다로 떠난 후 거주해 오던 아파트에서 쓸쓸히 짐을 싸 새로운 생활 터전을 찾아 나섰다.

에릭이 찾아간 곳은 톈진의 영국인 거주 지역에 있던, 영국 감리교 소속의 선교사인 하워드 스미스 목사Rev. Howard Smith의 집이었다. 이때부터 에릭과 스미스 가족의 동거가 시작되었다. 스미스 목사는 영국의 올림픽 스타였으며, 톈진 영중기독교학교 교사이기도 했고, 또 샤오창에서 일선 선교사로 활동했던 에릭에게 평소부터 많은 관심을 가지고 있었다. 하지만 가까이에서 보고 함께 생활하면서 이전에는 알지 못했던 에릭의 특별한 매력들을 경험하게 되었다.

"에릭이 톈진의 프랑스 조계에서 나온 직후부터 우리 모두가 억류 수용소에 보내질 때까지 우리 가족은 에릭과 함께 생활할 수 있는 특권을 누리게 되었습니다. 저는 이것이 결코 우연히 찾아온 기회가 아니었다고 생각합니다. 하나님께서 저희 가족에 보내 주신, 짧지만 강한 축복이었고, 특권이었다고 생각하며, 지금까지도 하나님 앞에 감사를 드립니다.

저는 에릭과 몇 달 동안을 함께 생활했는데, 그와 함께 살면서 그가 화를 내거나 불친절한 소리를 하는 것을 단 한 번도 보거나 들은 적이 없습니다. 과연 사람이 그렇게까지 선할 수 있을까 의문이 들었지만, 정말로 에릭은 모든 면에서 선한 행동을 했습니다. 그리고 그것이 너무 자연스러워서 어쩌면 에릭이라는 사람 자체가 '선'이 아닐까 생각될 정도였습니다. 더욱 놀라운 것은 에릭은 그런 삶을 남에게 결코 강요하지 않았다는 것입니다. 그는 늘 자연스러웠습니다. 그래서 우리 모두는 에릭의 그러한 행동을 너무도 당연하게 여길 정도였습니다."

스미스 목사는 에릭과 함께 생활한 몇 달 동안의 짧지만 강렬했던 시간들을 평생 기억하고 있었다. 그만큼 매일의 삶을 통해 보여 준 에릭의 남다른 생활 태도가 그의 마음을 두드렸고, 그런 소중한 경험을 통해 자기 자신의 변화를 느낄 수 있었기 때문이다. 스미스 역시 하나님 앞에 종으로 부름을 받은 목사였지만 에릭 앞에서는 한없이 작아지는 자신을 발견했다고 한다.

"에릭은 매일 새벽마다 주님과의 교제 시간을 철저하게 지켰습니다. 하지만 더욱 놀라운 것은 그 시간 이후 나머지 하루 생활에서는 어떤 비난과 어려움에도 흔들리지 않았다는 것입니다. 그때 제가 에릭에게서 가장 인상적으로 느꼈던 것은 다른 사람을 대하는 그의 태도였습니다.

에릭은 언제나 바쁜 생활을 하면서도 다른 사람들의 하찮은 일에 아낌없이 시간을 내주었습니다. 우리 아들놈이 크리켓*을 하자고 졸라대면 싫증날 때까지 열심히 놀아 주었고, 우리 딸이 테니스를 가르쳐 달라고 하면 섭씨 30도가 넘는 무더위 속에서도 딸아이

cricket : 영국의 국기(國技)로 열한 명씩
두 팀을 이루어 공격과 수비를 번갈아 하면서
방망이로 공을 쳐서 득점을 겨루는 경기

의 테니스 폼을 친절하게 가르쳐 주었습니다. 에릭의 취미 가운데 하나는 중국 우표 수집이었는데, 딸아이가 에릭이 수집한 우표 앨범을 보고 관심을 갖자 에릭은 며칠을 정성들여 제 딸을 위한 앨범을 만들어 주며 우표 수집 요령을 상세하게 설명해 주었습니다.

그와 이야기를 하고 있으면 그의 일보다 우리들의 하찮은 일이 더욱 중요하고 절실하게 느껴졌고, 그 자신보다 우리들이 더욱 하나님께 필요한 사람인 것처럼 생각이 들 정도였습니다."

에릭의 생활 태도는 스미스 목사에게 큰 감명을 주었다. 말없는 봉사와 나눔을 실천하는 에릭의 삶의 모습을 보며 말씀을 실천하는 삶이 얼마나 중요한지 새롭게 경험했다고 한다.

"그때는 먹을 게 워낙 부족한 형편이었기 때문에 아침에 여간 일찍 서두르지 않으면 빵을 살 수가 없었습니다. 그 사정을 잘 아는 에릭은 제 아내 대신 새벽 다섯 시에 일어나 새벽 기도를 마친 후 조용히 빵을 사가지고 왔습니다.

하루는 먼지와 모래를 동반한 회오리바람이 어찌나 세게 몰아치던지 꽁꽁 잠가 놓은 문 사이로 모래가 날아 들어와 온 집 안이 엉망진창이 되었습니다. 그래서 아내는 다음 날 새벽 여섯 시에 식구들이 일어나기 전에 먼지와 모래를 치우려고 했는데, 놀랍게도 에릭이 청소를 다 마치고 빗자루와 물걸레를 정리하고 있었다고 합니다. 에릭은 그날 새벽 청소를 하기 위해 평소보다 더 일찍 일어나 새벽 기도를 하고 나서 다른 사람들이 깨기 전에 조용히 청소를 마친 것입니다. 요란하지 않게 침묵 속에 행동으로 남을 위해 사랑을 실천하던 사람, 에릭은 바로 그런 사람입니다."

그 무렵 일본군이 자신들의 통제력을 강화하기 위해 한 가지 포고문을 내걸었는데, 그것은 '실내든 옥외든 간에 열 명 이상이 모이는 집회는 모두 금지한다.' 는 것이었다. 그것은 곧 선교사들과 그리스도인들이 주일 예배를 드릴 수 없게 되었다는 뜻이었다. 이처럼 점점 조여 오는 일본군들의 위압과 공포에 사람들은 위축되었고, 주일 예배를 드리지 못하게 되었다는 심각한 상황 앞에서 대단히 상심해 있었다. 그때 에릭은 한 가지 제안을 내놓았다.

"주일 예배가 불가능한 것은 아닙니다. 일본이 제안한 규칙만 잘 지키면 예배를 드릴 수 있습니다. 각 가정에 열사람 미만으로 모여 예배를 드리면 되지 않을까요?"

어떻게 그게 가능할까 궁금해 하는 사람들을 향해 에릭은 계속해서 아이디어를 내놓았다.

"우리들 중 몇 사람이 돌아가면서 주일 설교를 써서 복사해 놓는 것입니다. 그리고 부인들은 차를 준비해 주일 몇몇 집에서 열 명 미만의 사람들을 초대하는 형식으로 소모임을 가지면 어떨까요? 이렇게 되면 우리는 한 가지 설교를 가지고 여러 집에서 동시에 모여 예배를 드릴 수가 있게 되는 것입니다. 그럼 일본군의 금지령을 어기지 않고 주일 예배를 드릴 수가 있습니다."

어려움이 닥쳐올 때마다 에릭은 자신의 기지를 발휘해 해결 방안을 제공했다. 또한 그의 평안한 미소와 확고한 눈빛은 다른 이들의 두려움마저 앗아가는 듯했다.

에릭은 스미스 목사 가정에 머물면서 그가 계획한 책을 집필했고, 그것을 다시 중국어로 번역하는 일에 몰두했다. 또한 그 밖에도 일선 선교 활동을 다시 재개할 수 있도록 백방으로 노력하고 있었다. 하지만 주변의 상황은 이런 에릭의 노력과는 정반대 방향으로 전개되고 있었다. 그 즈음 독일과 이탈리아인들을 제외한 톈진에 거주하던 서양인들 사이에는 앞으로의 행방에 관해 다음과 같은 추측들이 나돌고 있었다. 즉 본국으로 추방되든가, 수용소로 보내지든가, 아니면 그보다 더 나쁜 최악의 경우를 맞이하든가 셋 중의 하나였다. 하지만 사태의 추이는 점점 부정적인 방향으로 나아갈 듯한 조짐을 보이고 있었다.

그러던 8월의 어느 날, 일본군은 톈진의 모든 서양인들에게 선택권을 넘겨주었다. 그것은 본국으로 돌아가든지, 아니면 톈진에 계속 남든지를 스스로 결정하라는 것이었다. 에릭은 처음에는 계속 중국에 머물기를 희망했지만 많은 사람들이 본국으로 돌아갈 것을 희망하자 결국 전쟁이 끝난 후 다시 돌아오리라 마음먹고 본국으로 돌아가는 서류에 서명을 했다.

　그 무렵 에릭은 캐나다 선교회로부터 서부 캐나다에서 일선 선교사로 일해 줄 것을 요청받았다. 그것 또한 샤오창의 일선 선교와 비교할 때 일본군의 위협을 제외한다면 고되고 힘든 일이었지만 에릭은 캐나다의 오지 선교에 대해서도 많은 관심을 가지고 있었기 때문에 심각하게 고려하던 중이었다. 하지만 이런 계획들은 어쨌든 중국을 벗어나야만 가능한 일이었다. 일본군이 서양인들을 본국으로 송환시키려는 호의를 보이고는 있었지만 정작 그들이 이 약속을 이행하기까지는 꽤 오랜 시간이 걸릴 것이라는 것을 모두 짐작하고 있었다.

웨이신 외국인 억류 수용소에 갇히다

상황은 완전히 돌변하고 있었다. 일본군들은 그들의 점령 구역인 중국의 동북 지역에 일체의 출판물이나 우편물의 배달을 금지했으며, 그 지역에 체류하던 서양인들을 더욱 강하게 통제하기 시작했다. 해가 바뀌고 시간이 지날수록 모든 상황은 점점 악화되고 있었다.

그러던 1942년 3월 12일, 톈진에 있던 에릭과 그의 동료들은 베이징 남쪽 근방 산둥성 안에 있는 '웨이신'이라는 조그마한 도시의 중앙시의회Civil Assembly Center로 모이라는 일본군의 통보를 받았다. 이 곳에 함께 집결 통지를 받은 사람은 서양의 선교사와 미국인, 그리고 일본이 스스로 자신들의 적국이라고 생각하는 명단에 속한 나라 사람들이었다.

웨이신의 중앙시의회 건물은 얼마 전까지만 해도 미국 장로교 선교회가 사용하던 건물이었는데, 일본군이 이 건물을 압류해 서양인들의 임시수용소로 사용하기로 한 것이다. 당시 병력 부족을 절감하던 일본군이 최소한의 병력만으로 서양인들을 통제하고 감시할 수 있는 수용시설을 필요로 했기 때문이었다. 때마침 도시 중심에서 약간 떨어진 근교에 위치한 중앙시의회 건물이 여러모로 보아 수용시설로 적격이라는 판단을 내린 듯했다. 진주만 공격 이후 표면화된 일본과 미국, 그리고 유럽 연합국과의 갈등은 이렇게 민간인들을 수용시설에 가둠으로써 더욱 현실적으로 드러나게 되었다. 하지만 다행스러운 것은 전쟁 중이었음에도 불구하고 서양인들을 포로로 처리하지 않고 민간인 억류자로 취급했다는 사실이었다.

웨이신 외국인 수용소로 갈 영국인들은 세 그룹으로 나뉘어졌는데, 에릭은 그 중 선교사들이 속한 세 번째 그룹의 조장으로 임명되었다. 그들이 수용소로 가지고 들어갈 수 있는 것은 옷과 가재도구, 그리고 침구를 넣은 트렁크뿐이었다. 수용시설에 들어가기 전, 에릭과 동료들은 사전 검열을 위해 자신들의 가방을 먼저 부쳐야 했다. 그리고 각자의 귀중품과 여행에 필요한 물품들은 손가방에 넣어

휴대하였다.

3월 30일, 톈진에 거주하던 수많은 서양인들은 웨이신 수용소로 가기 위해 한 자리에 집결했다. 그리고 그들은 그 자리에서 일본 군인들로부터 짐 검사와 몸수색을 받아야 했다. 모든 수색이 끝난 뒤 서양인들은 기차역을 향해 함께 행진하기 시작했다.

"저기 좀 보세요. 중국인들이 나와서 우리를 구경하고 있어요."

누군가가 외치기 시작했다. 돌아보니 길가에 중국인들이 늘어서서 이들의 행렬을 지켜보고 있는 것이 아닌가.

"왜 우리를 저런 눈으로 쳐다보는 거죠? 우리가 포로라도 된 줄 아나 봐요."

누군가는 불쾌하다는 듯 불평을 쏟아냈다.

이들이 기차역으로 향하던 길가에 서서 긴 행렬을 지켜보던 중국인들은 사실 조작된 것이었다. 서양인들에게 굴욕감을 주기 위해 일부러 일본 관헌이 연출한 각본이었던 것이다. 긴 서양인의 행렬 속에는 다양한 사람들이 있었는데, 선교사, 사업가, 간호사, 그리고 창녀 등 각계각층의 사람들이 망라되어 있었다. 조금 전까지 이들의 이웃이었고 친구였던 사람들이 순식간에 낯선 이방인으로 구별되는 순간이었다.

하지만 수용소로 향하던 그들에겐 중국인들의 시선 따위는 중요하지 않았다. 지금부터 그들은 감옥과 같은 수용소에서 언제 끝날지도 모르는 통제된 삶을 살아야 했기 때문에 새로운 환경 속에서의 삶에 두려움을 느끼고 있었다. 이전에 누리던 부와 명예, 그리고 각자의 신분은 순식간에 사라질 것이고, 이제부터는 한 울타리 안에서 '억류자'라는 똑같은 신분으로 살아가야만 했던 것이다.

서양인들의 행렬은 기차 3등 칸이 빽빽하게 찰 때까지 이어졌고, 자정이 얼마 남지 않은 늦은 11시 40분, 드디어 이들을 실은 열차가 천천히 톈진 역을 출발했다. 에릭도 그 사람들 틈에 함께 앉아 자신에게 찾아올 새로운 삶을 상상하며 잠깐 상념에 잠겼다. 하지만 에릭은 곧 마음의 평안을 되찾았고, 하나님께서 함께하실 것을 굳게 믿었다. 기차 안의 사람들은 편안히 앉을 만큼의 여유도 없이 불편하게 자리에 앉은 채 꼬박 밤을 새운 후, 그 다음날 아침 다롄 역에서 기차를 갈아타야 했다. 하루 동안 계속 이어진 지루한 여행은 마침내 오후 3시 40분 웨이신 시내에서 약 10리가량 떨어진 수용소에 도착하면서 막을 내렸다.

마치 포로수용소나 교도소처럼 큰 입을 벌린 채 사람들을 기다리고 있는 웨이신 수용소의 문을 들어서면서 에릭은 뜻밖에도 가슴속에 말씀이 용솟음치는 것을 느꼈다. 그것은 다름 아닌 자신이 에든버러 대학 시절 전도 활동을 할 때 즐겨 인용하던 디모데후서 2장 3절, 4절 말씀이었다. 에릭은 이 말씀을 떠올리면서 이제는 연설이 아닌 행동으로 이 말씀을 증거할 때가 왔음을 온몸으로 절감하고 있었다.

"네가 그리스도 예수의 좋은 군사로 나와 함께 고난을 받을찌니 군사로 다니는 자는 자기 생활에 얽매이는 자가 하나도 없나니 이는 군사로 모집한 자를 기쁘게 하려 함이라."

이제까지 지구상에서 살았던 사람 중 가장 겸손한 사람

웨이신 수용소는

가로 150미터, 세로 200미터 정도의 그리 크지 않은 시설이었다. 그리고 이 안에서 여러 국적을 가진 남녀노소 1800여 명이 함께 생활해야 했기 때문에 무척이나 비좁은 공간이었다. 그래도 선교회에서 사용하던 건물이라 수용소 구내에는 학교, 병원, 그리고 교회의 모습까지 갖추어져 있었다.

외관상으로는 선교회가 얼마 전까지 사용하던 건물과 시설물이 그대로 위치해 있었으나, 그 내부는 완전히 아수라장이었다. 가재도구, 침구, 하수도, 배수관, 그리고 교실 내의 부서진 책상과 의자들이 바닥에 마구 나뒹굴어져 있었다.

수용소로 들어온 사람들이 가장 먼저 해야 할 일은 어지러운 건물 내부를 정돈하고 깨끗이 청소하는 일이었다. 수용소 시설 중에 가장 문제가 되는 것은 화장실이었다. 화장실 안은 구역질이 날 정도로 심하게 더러웠기 때문에 어떤 사람들은 아예 화장실을 가지 않고 자기 방에서 용변을 보기도 했다.

건물 내부와 주변이 대충 정리되자 방 배정이 시작되었다. 독신자들은 미국 선교회가 운영하던 여학교의 기숙사에 한 방에 서너 명씩 배당되었으며, 결혼한 부부와 그 자녀들은 한 가족을 단위로 해서 가로 2.5미터, 세로 3.5미터의 좁은 공간에서 생활하도록 지시받았다.

수용소 사람들 모두가 같은 날 도착한 것이 아니라 며칠 간격을 두고 들어왔는데, 톈진을 비롯한 북중국의 여러 도시에서 많은 사람들이 수용소에 속속 도착하였다. 에릭 일행이 수용소에 도착했을 때 수용소에는 이미 몇 그룹의 서양인들이 생활하고 있었다. 그 가운데 에릭 일행보다 불과 몇 시간 앞서 수용소에 도착한 한 영국인은 에릭이 처음 수용소에 들어서던 모습을 기록으로 남겨두었다.

「길고도 지루한 여행 끝에 기진맥진하여 수용소에 도착했을 때, 저는 제일 먼저 제가 묵게 될 방에 안내되었습니다. 그런데 그곳은 사람이 사는 곳이라기보다는 짐승들의 헛간 같은 곳이었습니다. 그래서 짐 정리도 잊은 채 잠시 멍하니 앉아 있었습니다. 그런데 저의 동료 중 한 사람이 제게 다가오더니 이런 말을 했습니다.

"지금 수용소에 들어오고 있는 행렬 중에 유명한 올림픽 챔피언인 에릭 리들이 있다는데. 한 번 보지 않을래?"

저는 올림픽 챔피언에 그다지 관심이 없었지만, 동료에 이끌려 창가로 걸어갔습니다. 그날은 워낙 피곤하고 허기진 상태였으므로 그저 동료가 손가락으로 가리키는 한 사람을 무심코 쳐다보았습니다. 천천히 제 시야 안으로 한 사람이 들어왔습니다. 올림픽 스타였다는 에릭 리들은 생각했던 것처럼 큰 키도, 건강한 체구도 아니었습니다. 오히려 조금 마른 듯한 모습에 얼굴과 팔은 햇빛에 그을려 구릿빛을 하고 있었습니다.
하지만 그의 외모보다 눈에 띄는 것은 그가 입고 있던 옷이었습니다. 에릭은 아주 우스꽝스러운 셔츠를 입고 들어오고 있었는데, 나중에 알고 보니 그의 집 커튼으로 쓰던 천을 가지고 만든 옷이었다고 합니다. 저는 초라해 보이는 올림픽 스타의 모습에 사실상 충격을 받았습니다. 그는 전혀 유명한 육상 선수처럼 보이지 않았고, 본인 또한 자신을 유명인이라고 생각하지 않은 듯 행동했습니다.」

사람들에게 에릭은 유명 인사였다. 파리 올림픽에서 그 유명한 신화를 이뤄낸 에릭 리들은 영국 국민에게는 물론 미국과 유럽에서도 잘 알려진 인물이었다. 그런 그가 중국에서 선교사로 활동하고 있었다는 것 자체가 어쩌면 대단히 신기한 일이었다. 그런데 더욱 놀라운 것은 그렇게 유명한 세계적인 인물이 몹시도 초라한 모습을 하고 있었다는 것과 그 내면 세계가 겸손함으로 가득 차 있었다는 사실이었다.

그는 계속해서 에릭과의 만남을 이렇게 회고했다.

「저는 소박하고 겸손한 에릭의 행동에 자꾸만 눈길이 갔습니다. 그날 이후 저는 에릭과 보다 개인적으로 접촉할 수 있는 기회를 갖게 되었는데, 그와 이야기를 나누면서 그의 겸손함을 더욱 깊이 알게 되었습니다. 에릭 리들에게는 어쩌면 '놀라운 신비'에 가까운 겸손이 있었습니다. 그 겸손은 억지로 만들어 낸 것이 결코 아니었습니다. 그의 마음과 생각 깊은 곳에 존재하는 흉내낼 수 없는 겸손이었습니다. 제가 아는 한 에릭은 확실히 이제까지 이 지구상에 살았던 사람 중에 가장 겸손한 사람 가운데 하나였습니다.」

수용소에 도착한 에릭은 가족이 없었기 때문에 다른 독신자들과 함께 생활하도록 방을 배정받았다. 에릭이 배정받은 기숙사는 혼자 생활하기에도 좁은 방이었는데, 이곳에 동료인 에드윈 데이비즈 목사 Rev. Edwin Davies와 맥체즈니 클라크 목사 Rev. McChesney Clark가 룸메이트로 함께 생활하게 되었다.

수용소 내의 인원을 효율적으로 관리하기 위해 일본군 수용소장은 국적과 신분, 그리고 직업을 완전히 무시했고, 오로지 그들이 거주하던 도시로만 구분해 사람을 나눴다. 수용소에 들어온 사람들이 오기 직전에 거주하던 도시는 크게 세 그룹으로 나눠졌는데, 톈진, 베이징, 그리고 칭다오였다. 각 그룹은 수용소 내에서 모든 일을 함께해야만 했다. 식사도 그룹별로 나뉘어져 긴 나무 식탁에서 함께했으며, 취사, 청소, 그리고 수용소 내의 모든 자질구레한 일들도 그룹 단위로 구별해 행해졌다. 이밖에 수용소내의 질서와 여러 가지 의무를 공동으로 수행하기 위해 다시 아홉 개의 부서가 구성되었다.

　　수용소에 갇힌 사람들은 전쟁 포로가 아닌 민간인 억류자들이었으므로, 탈출 기도와 같은 무모한 일들을 도모하지 않는 한 수용소를 관할하던 일본군으로부터 그다지 심한 간섭과 통제를 받지는 않았다. 즉 아침, 저녁 두 차례의 인원 점검을 위한 점호 집합을 제외하고는 어느 정도의 자율권이 수용소내의 서양인들에게 주어져 있었다.

　　하지만 수용소 사람들에게 두려운 대상은 단지 일본군만이 아니었다. 수용소 내의 부족한 식량과 질병들이 그들에게는 더욱 가공할 만한 상대였다. 특히 위생시설이 미비한 상태에서 만연하고 있던 이질, 장티푸스, 말라리아 등의 전염병은 면역력이 약해진 아이들과 마흔을 넘어선 에릭 또래의 사람들에게 가장 위협적인 존재였다. 에릭은 웨이신 수용소에서 이런 여러 가지 위협과 알 수 없는 불안 속에 새로운 삶을 시작하고 있었다.

전염병처럼 번진 에릭의 웃음

20여 개국의 국적을 가진

1800여 명의 남녀노소가 한 울타리 안에서 생활하고 있었으니 수용소는 그야말로 하나의 소우주였다. 그들은 서로에게 많은 위로와 힘이 되어 주기도 했지만 한편으로는 보이지 않는 갈등도 많이 생겨났다. 특히 가장 두드러진 갈등은 사업을 하던 사람들과 선교사들 사이에서 나타나는 묘한 긴장감이었다.

중국에 거주하던 서양인들의 대다수는 사업가들이었는데, 이들 중 많은 사람들이 선교사들을 경멸하고 있었다. 선교사들이 다른 사람들에게 '해야 할 것과 하지 말아야 할 것을 위협적으로 강요'하고 있다는 이유 때문이었다. 이들은 선교사들이 일방통행적인 사랑을 가지고 자기들만의 세계에서 살아가는 옹졸한 사람들이라는 잘못된 인식을 가지고 있었다.

이런 편견과 오해를 가지고 있기는 선교사들도 마찬가지였다. 선교사들은 사업가들을 부도덕한 사람들로 치부했고, 그들을 자신의 부를 위하여 가난한 중국인들을 착취하는 술주정뱅이들이라고 단정하고 있었던 것이다. 이렇게 서로에 대해 부정적인 견해를 가진 두 부류의 사람들이 한 울타리에서 생활하게 되었을 때 어느 정도의 잡음은 예상되는 일이었다.

이런 사업가들과 선교사들의 갈등은 그들의 자녀 사이에서도 나타났다. 늘 가정의 중요함을 강조하던 선교사들은 그들의 자녀들이 사업가의 자식들과 함께 어울린다는 것 자체를 인정하려 하지 않았다. 그래서 아이들을 항상 곁에 두며 사업가의 자녀들과 함께 시간을 보내지 못하도록 감시했다.

하루는 어린아이가 있는 한 가족이 수용소에 새로 들어왔는데, 그 무렵 수용소 내에는 가족들을 위한 빈 방이 하나도 없었다. 그래서 새로운 전입자는 장성한 자녀가 있는 가족을 찾아가 방을 양보해 줄 것을 부탁했다. 상식적으로 본다면 장성한 자녀가 있는 가족이 부모의 보살핌이 필요한 어린아이가 있는 가족에게 방을 양보하는 것이 옳은 일이었다. 하지만 방을 양보해 달라는 사람이 사업가였고, 장성한 자녀를 둔 부모는 선교사였던 탓에 이 문제가 합리적으로 해결되지 않았다. 선교사는 끝까지 자신의 방을 양보하지 않았고, 어린 자녀를 둔 사업가는 할 수 없이 아이를 다른 방에 두고 떨어져 생활해야만 했다. 더욱 놀라운 것은 이 선교사 내외의 답변이었다. 그들은 '우리 아이들이 기숙사로 가서 사업하는 사람들의 아이들과 어울린다는 것은 생각만 해도 소름이 끼친다.'고 말하면서 그들의 요청을 단번에 거절했던 것이다. 그리고 장성한 자녀들이었지만 아이들을 자신들 눈에서 벗어나지 않도록 틈틈이 감시하며 생활하고 있었다. 이들의 이런 이기심 때문에 어린아이들을 가진 사업가 부모는 서로 흩어져 생활하면서 힘겹게 아이를 돌봐야 했다.

이 같은 일을 비롯해서 선교사들과 그 외 사람들과의 관계는 항상 긴장에 싸여 있었으며, 특히 몇몇 선교사들은 개인적인 기도 시간을 놓고 심한 다툼을 벌이기도 했다. 선교사들 중 몇 사람은 밤낮을 가리지 않고 큰소리로 울부짖으며 기도를 하고 찬송을 불러 주위 사람들의 잠을 설치게 했던 것이다. 그들에게는 무엇보다 자신만의 신앙이 우선이었다. 하지만 이를 이해할 수 없던 나머지 사람들은 불만을 늘어놓았다. 이런 이유로 인해 서로간의 관계는 더욱 험악해졌으며, 결국은 같은 선교사들까지도 서로에게 큰소리를 내야만 했다. 물론 많은 사람들이 모인 수용소 생활이라는 것이 궁핍하고 짜증스러운 삶이었음은 짐작할 수 있다. 그리고 그런 형편 속에서 관용의 미덕을 기대한다는 것은 대단히 힘든 일이었을 것이다. 하지만 복음을 전하기 위해 고달픈 삶을 자처했던 선교사들이 수용소에서 보여준 행동들은 그리 바람직한 모습이 아니었다.

베이징 근교의 한 대학에서 강사로 근무하다 수용소에 들어오게 된 랭던 질키Langdon Gilkey 씨는 당시의 상황들을 메모했다가 훗날 웨이신 수용소 시절의 일화들을 기술한 《압제 아래 있던 사람들의 이야기The Story of Men and Women Under Pressure》라는 책을 출판했다. 이 책속에는 선교사들에 대한 신랄한 비판들이 가득한데, 많은 부분이 선교사들의 편협하고 배타적인 사고방식을 엿볼 수 있는 일화들로 채워져 있다. 랭던 질키 씨는 선교사들 또한 똑같은 사람이며 연약한 인간이라는 엄연한 사실을 간과한 채 선교사라는 이유로 보다 숭고한 그 무엇인가를 기대했던 것으로 보인다. 하지만 신앙이 없는 사람의 눈으로 기술된 이 이야기들은 어쩌면 지금의 그리스도인들에게 매우 의미 있는 반성의 거울이 될 수도 있다. 그런데 그는 유독한 사람에게만 이례적으로 찬사를 아끼지 않고 있다.

「웨이신 수용소에서 '청소년 문제'에 대해 늘 고민하면서 그 해결방안에 대해 누구보다 많은 관심을 갖고 있던 사람은 에릭 리들이라는 사람이었다. 그는 정말 특별했다. 이 세상에서 성자를 만나 볼 행운을 갖기란 정말 드문 일일 것이다. 그런데 나에게 그 행운이 주어졌던 셈이다. 그는 오래전부터 알아왔던 사람처럼 어느 날 내게 슬며시 다가왔다. 우연히 나는 수용소 내의 오락실을 지나치며 무심코 그 안을 슬쩍 들여다보았는데, 그곳에서 에릭 리들은 아이들에게 뭔가를 보여주며 이야기를 나누고 있었다. 나는 호기심에 더 자세히 다가갔다. 그랬더니 에릭은 자기가 손수 만든 장기판과 모형 보트 등을 어린아이들에게 보여주며 아이들의 동심과 상상력을 일깨워 주고 있었다. 타인의 작은 일도 자신의 가장 소중한 일처럼 최선의 열정을 가지고 기쁨으로 행하는 이가 바로 에릭이었던 것이다. 어떤 일을 누군가가 꼭 해야만 되었을 때 그 일을 한 사람은 언제나 에릭이었다. 영국을 위해 올림픽 400미터 경주에서 금메달을 획득한 바 있는 왕년의 육상 선수는 그 무렵 40대 중반을 넘어서고 있었다. 하지만 그의 걸음걸이는 항상 경쾌하였으며, 뛰어난 유머감각과 사랑을 몸소 행하는 삶이 무엇보다 인상적이었다. 다른 사람들의 도움을 얻어 일을 했지만, 수용소의 하루하루를 순탄하게 이끌어 나간 것은 전적으로 그의 열정과 노력 덕분이었다.」

에릭은 선교사들과 사업가들 사이에서 이들의 벌어진 틈을 메워 주는 완충제 역할을 담당했다. 모든 사람들을 대하는 그의 태도에는 조금의 차별도 없었다. 가톨릭 신부를 대할 때나, 사업가를 대할 때나, 그는 같은 표정과 말투로 이야기했다. 그런 에릭은 두 부류의 모든 사람들로부터 존경과 신뢰를 받는 유일한 사람이었다.

에릭은 어린아이들을 대할 때나 혹은 노인들을 대할 때나 항상 겸손함과 미소로 일관했다. 그는 늘 웃고 있었고 모두를 향해 미소

를 지었다. 그리고 그런 그의 웃음은 수용소 생활에 찌든 사람들의
얼굴에 전염병처럼 번져 나갔다.

물지게와 석탄을 도맡아 지는 남자

수 용 소 에 서 에 릭 은 선 생 님 이 었 다 .

당시 수용소에서 에릭의 지도를 받던 아이들은 지금 거의 다 세상을
떠났을 것이다. 이들은 살아 있는 동안 늘 에릭에 대한 이야기를 회
고했고, 자신들의 기억을 증언했다. 수용소에서 열네 살 때 에릭에
게 교육을 받았던 이자벨 헤론 부인 Mrs. Isabel Herron은 자신의 기억 속
에 살아 있는 에릭에 대해 생생하게 증언하였다.

"제가 아직도 분명히 기억할 수 있는 것은 하키 경기가 끝난 뒤

의 에릭의 모습입니다. 경기가 끝난 뒤 우리는 하키 스틱과 장비들을 그대로 팽개친 채 사라지기 일쑤였습니다. 그때마다 모든 장비들을 거두어 정리하고, 또 망가진 부분이 있으면 열심히 수리를 하던 사람은 언제나 에릭이었습니다.

수용소 내에서는 모든 물건들이 부족했기 때문에 수리를 하는 것조차 쉬운 일이 아니었습니다. 한번은 하키 경기가 끝난 뒤 연습실에 남아 뭔가를 하고 있는 에릭의 곁에 가서 그의 모습을 지켜본 적이 있습니다. 에릭은 자신의 가슴 속에 꼬깃꼬깃 접혀 있던 종이 한 장을 꺼내 그것을 조심스럽게 찢어서 벌어진 하키 자루를 동여매기 시작했습니다. 저는 사실 에릭이 가슴 속에 가지고 다니던 보물이 무엇인지 잘 알고 있었습니다. 그것은 에릭이 틈틈이 꺼내보던, 캐나다에 있는 그의 부인에게서 온 편지였습니다. 하지만 그때는 종이 한 장을 구하는 것도 쉽지 않았기 때문에, 그는 자신이 그토록 소중히 여기며 가슴에 품고 있던 아내의 편지를 찢어 하키를 고쳤던 것입니다."

이렇게 시작되는 그녀의 기억은 에릭에 대한 더 구체적인 일화들로 이어졌다.

"에릭은 제가 기억하기로는 언변이 뛰어난 설교자는 아니었던 것 같습니다. 하지만 그의 인격과 성실함, 그리고 그의 행동이 우리들을 그가 얘기하는 것에 완전히 빠져들게 했습니다. 어느 날 러시아 창녀가 수용소에 새로 들어왔습니다. 그런데 그녀의 직업에 대한 선입견 때문에 아무도 선뜻 말을 걸려 하지 않았습니다. 잠시 후 방을 배정받고 벽에 선반을 달아야 했을 때 그녀는 아무의 도움도 받지 못한 채 혼자 끙끙대며 일을 하고 있었습니다. 그때 에릭이 다가가서는 '이런 일들은 여자에게는 좀 무리인데요?' 하고 말하며 얼굴에 미소를 머금은 채 창녀의 손에서 망치와 못을 받아들고 선반을 만들어 주었습니다."

에릭은 도움이 필요한 사람이라면, 그가 누구든지 상관없이 자신의 힘과 노력을 전해 주려고 했다. 에릭의 도움을 받는 일에 있어서는 결코 차별이 없었다. 직업도, 나이도, 성별도……. 또한 에릭은 아무리 바쁘더라도 우리가 도움을 요청했을 때, 한 번도 거절을 하는 법이 없었다. 때론 도와달라는 말조차 하지 않았지만, 에릭은 언제나 도움이 필요한 이의 곁에 서 있었다.

"에릭은 자신의 올림픽 경주에 대해서 이야기하는 것을 무척 꺼렸습니다. 하지만 이야기를 거절할 때도 어색한 자기 과시보다는 그 특유의 겸손함이 느껴졌습니다. 그는 과거의 일보다는 현재 자신이 해야 할 일에 더 많은 관심을 가졌습니다. 에릭이 수용소 내에서 가르친 아이들 중에는 선교사나 크리스천 가정의 자녀들도 있었지만, 부모의 영향으로 기독교에 대해 좋지 않은 선입관을 가지고 있는 아이들도 많았습니다. 이러한 사정을 잘 알고 있던 에릭은 그들을 다루는 데 세심한 신경을 쓴 듯합니다. 그가 우리에게 들려준 다음의 말들은 그 후 제 신앙의 평생 길잡이가 되었습니다.

'많은 사람들은 우리가 선과 바른 것을 행하며, 주위 사람들을 돕고, 정결한 삶을 산다면 구태여 교회에 나갈 필요가 없다고 생각한다. 하지만 이런 것들은 하나님이 우리에게 요구하시는 외형적인 것들일 뿐이다. 기독교의 진수는 이러한 '하나님이 요구하시는 것들'이 아니라 '예수 그리스도가 우리를 위하여 행하신 일들'이다. 우리에게 필요한 것은 단순히 성경적인 지식을 쌓아 나가는 것이 아니라 하나님의 말씀에 우리의 삶을 온전히 순종시키는 결단을 행하는 것이다.'

에릭은 실제로 온전히 순종하는 삶을 살았습니다. 수용소 내에서도 항상 노약자들을 위해 물지게와 석탄을 도맡아 지고 다녔으며, 실로 한 사람이 감당하기에는 너무나 벅찬 많은 일들을 자진해서 행했습니다."

에릭과 함께 한 방에서 동거한 바 있는 어떤 영국인 사업가는 에릭에 대한 회상을 이렇게 적고 있다.

"우리가 기거하던 기숙사에는 모두 열두 명이 생활하고 있었습니다. 그 중 네 명은 선교사였고, 두 명은 선교사의 아들, 그리고 나머지 여섯 명은 사업가들이었습니다. 에릭과 저는 중간에 침대 하나를 사이에 두고 생활했습니다. 에릭은 그때 약 230명가량의 독신자들이 살고 있던 23동과 24동 건물의 책임자로 알려져 있었습니다. 책임자로서 그의 임무는 책임구역내의 모든 비품과 인원을 점검해 아침과 저녁의 점호 시간에 일본군에게 보고하는 일이었습니다. 하지만 그는 형식적인 보고만 하는 그런 책임자가 아니었습니다.

에릭은 수용소에 거주하던 사람들이 모두 함께해야 할 일들을 혼자 도맡곤 했습니다. 물을 길어 나르고, 오물을 퍼내고, 또 각자의 방과 건물 주변을 청소하는 일을 했습니다. 또 저녁에는 피곤한 몸을 쉴 겨를도 없이 아이들을 지도했습니다. 이런 일들 외에도 그는 크리스천들의 모임에서 여러 책임을 맡고 있었던 것으로 기억합니다. 어느 날 밤, 에릭이 우리에게 그가 일주일 동안 행하던 작업 시간표를 보여주었을 때 우리 모두는 우리 눈을 의심하지 않을 수 없었습니다.

아무튼 저는 그가 잠시도 한가하게 쉬고 있는 모습을 보지 못했습니다. 설사 한가한 시간이 주어지더라도 노인들을 위해 물을 길어주거나, 그가 가르치던 아이들을 위해 책과 교재들을 정돈하는 일 따위로 시간을 보냈습니다.

이것은 저도 들은 이야기입니다만 에릭은 아이들의 하키 장비를 수리하는 데 필요한 물건을 사기 위해 그가 에든버러 대학을 졸업할 때 기념으로 받은 금시계를 암암리에 성행하던 암시장에 팔았다고 합니다. 그는 그런 사람이었습니다. 항상 겸손했으며 남을 위해 자신의 것을 웃으며 버리고 나누는 사람이었습니다. 그의 마음에는 조금의 근심거리도 없는 듯이 보였습니다. 확실히 그는 자신의 평소 설교와 말보다 훨씬 훌륭한 삶을 산 것 같습니다. 두말 할 나위 없이 에릭은 수용소 내에서 가장 필요한 사람이었고, 동시에 가장 사랑받는 사람이었습니다."

에릭과 함께 한 방에서 거주하던 또 다른 선교사는 에릭의 새벽 기도 시간에 관해 다음과 같은 이야기를 들려주었다.

"에릭의 신비는 과연 무엇인가? 이 물음에 대한 해답을 저는 그와 함께 한 방에서 생활하면서 알게 되었습니다. 에릭과 저는 새벽 여섯 시면 다른 사람들의 잠을 깨우지 않으려고 살며시 일어나 방의 한 가운데 있는 조그마한 중국 탁자에 마주보고 앉았습니다. 우리는 땅콩기름을 넣은 호롱불을 켜고 커튼을 두껍게 쳤습니다.

만약 커튼 밖으로 불빛이 새 나가면 감시의 눈을 번득이던 일본군이 우리가 탈출 모의를 하는 것으로 의심하고 들이닥칠 것이었기 때문입니다. 우리는 조용히 예배를 시작했습니다. 주위 사람들의 잠을 방해하지 않기 위해 조용히 성경을 읽고, 기도를 드리고, 그날 하루 일과를 생각하며 우리가 해야 할 일들을 적어두었습니다.

하지만 에릭은 정해진 시간에만 기도하는 그런 타입의 사람이 아니었습니다. 언제든지 하나님과 교제를 나누었고, 기도 모임이나 그밖에 하나님의 이름으로 행해지는 모임에는 절대 빠지는 법이 없

었습니다. 그의 삶은 순전히 하나님에 대한 믿음과 순종을 그 바탕
에 두고 있었습니다."

주일에 아이들 운동 경기 심판을 보다

수용소 내에는 수백 명의

아이들이 있었는데, 그 중 300명가량은 산둥성 안의 '체푸'라는 도
시에 있던 학교 학생들이었다. 아이들 중에는 부모로부터 개인지도
를 받을 수 있는 아이들도 있었지만 대부분의 아이들은 무책임하게
방치되어 있었다. 전쟁이 끝나고 본국으로 돌아가면 고등학교나 대
학에 입학하게 될 이 아이들에게 수용소에 있는 동안 공부를 계속하
느냐 중단하느냐 하는 건 대단히 중요한 문제였다. 에릭처럼 교사
경험이 있는 선교사들의 자발적이고 헌신적인 도움이 있어야만 해

결될 일이었다.

수용소에서의 교육은 여러 가지 특수 상황을 잘 고려해야만 했다. 높은 담과 철조망으로 둘러싸인 좁은 공간 안에서 생활하는 한창 나이의 아이들에게 단순히 지식을 가르치는 것만으로는 교육의 목적을 이룰 수가 없었다. 그래서 에릭이 내린 결론은 학과목을 가르치는 일 외에 많은 운동 경기와 게임을 가르치는 것이었다.

이 같은 일에 에릭보다 적격인 사람은 없었다. 그는 아이들에게 육상과 여러 구기 종목을 친절하게 가르쳐 주었고, 아이들 경기에 직접 심판을 보기도 했다. 그런데 이때 그에게 또 하나의 고민거리가 생겨났다. 그것은 바로 주일에 진행되는 스포츠 활동에 관한 것이었다. 에릭은 아이들에게 주일에는 어떤 운동 경기도 하지 말라고 당부했다. 이것은 그가 평생을 통해 지켜온 세상의 어떤 명예나 명분과도 바꿀 수 없는 철칙이었다. 하지만 수용소에서의 따분한 생활에 지친 아이들은 에릭의 자상한 설명과 설득에도 불구하고, 그의 지시를 어기고 주일에 자기들끼리 운동 경기를 하곤 했다.

그러던 어느 주일, 아이들이 남자와 여자로 편을 갈라 하키 경기를 시작했다. 그런데 경기는 얼마 후 난장판으로 변하고 말았다. 심판을 볼 사람이 없어서 판정을 놓고 자기들끼리 왈가왈부하다가 결국에는 주먹싸움으로까지 번진 것이다.

에릭은 이런 모습을 지켜보면서 또 하나의 중요한 결정을 내렸고, 그 다음 주일에는 직접 경기장에 나와 아이들 경기의 심판을 보기 시작했다. 이것은 그가 이뤄낸 올림픽 신화 때와는 정반대되는 행동으로 좀처럼 믿기지 않는 일이었다. 그는 주일을 지키기 위해 올림픽 금메달의 영예까지 마다했던 사람이었지만, 수용소 아이들의 평화와 화목을 위해 주일에 열린 운동 경기에 심판으로 나섬으로써 자신이 평생 간직해 온 신조를 깨뜨렸다.

하지만 거꾸로 생각하면 이 일을 통해 우리는 에릭이 얼마나 용기 있고 결단력 있는 사람이었는지, 또한 그의 결정이 얼마나 지혜로운 것이었는지를 확인할 수 있다. 에릭은 계명을 지키기에 급급한 융통성 없는 율법주의자가 아니라, 주님의 말씀을 올바로 깨닫고 오직 사랑으로 주님이 주신 계명을 철저히 지켜나간 신앙인이었음을 보여주는 일화인 것이다.

에릭은 아이들에게 운동을 가르치는 일 외에도 화학, 물리, 그리고 수학을 가르쳤다. 또 주일학교의 책임자로서 아이들의 신앙에 관한 문제에도 세심한 주의를 기울였다.

구세군 소속의 한 선교사는 자신이 체험했던 에릭에 대해 이런 말을 남겼다.

"수용소에 있을 때 제 딸 아이 중 하나가 매년 여름만 되면 이질에 걸려 수업을 받지 못하고 침대에 누워 있어야 했습니다. 그런데 에릭이 저를 찾아오더니 매일 오후에 제 딸아이를 방문해도 괜찮겠

냐고 묻는 것이었습니다. 물론 두말할 것도 없이 에릭은 언제나 우리에게 반가운 손님이었습니다. 에릭은 혼자 누워 있는 제 딸의 병실을 방문해 그동안 공부하지 못한 수학을 가르쳐 주었으며, 친절한 상담과 대화로 신앙에도 큰 영향을 주었습니다. 그 후 제 딸은 신실한 신앙인이 되었고, 현재 캐나다의 구세군에서 일하고 있습니다."

에릭의 지도를 받았던 한 여학생의 이야기도 흥미롭다.

「수용소 생활이 계속되면서 부족한 식량 사정으로 인해 영양실조에 걸린 사람들이 점점 늘어나고 있었습니다. 에릭 아저씨도 항상 부족한 식사로 허기를 채우지 못하고 있었습니다. 그러면서도 여러 가지 일을 하느라 수용소에서는 조금도 쉴 틈이 없었습니다.

그런데 그렇게 바쁜 에릭 아저씨가 방과 후 일주일에 몇 번씩이나 화학 과목 보충 지도를 하기 위해 저를 찾아오셨습니다. 저는 그때 화학 실력이 많이 부족했기 때문에 아저씨가 저에게 특별히 개인지도를 해 주는 것이 무척이나 감사했습니다. 때때로 제가 어려워하거나 싫증을 낼 때면 재미있는 이야기로 기분 전환을 시켜 주기도 했고, 크리스마스 때는 직접 그린 카드를 저에게 선물하기도 했습니다.

화학 수업을 받으며 에릭 아저씨가 설명해 주신 '천국'에 대한 정의는 제가 들어본 천국에 대한 해석 중에서 가장 간단하고 명쾌한 것이었으며, 지금까지도 제 마음속에 깊이 새겨져 있는 말입니다.

에릭 아저씨는 천국을 이렇게 정의하셨습니다.

"천국은 하나님이 다스리는 나라인데, 내 마음속을 하나님이 다스리시면 곧 내 마음이 천국이 된단다."」

이 글을 쓴 여학생은 제2차 세계대전이 끝나고 본국인 오스트레일리아로 돌아가 곧바로 오스트레일리아의 명문대학 중에서도 첫 손가락에 꼽히는 멜버른 대학 입학시험에 당당하게 합격했다. 이것으로 미루어보더라도 에릭을 비롯한 동료 선교사들이 수용소 안에서 아이들을 가르치는 일에 얼마나 최선을 다했었는지, 그리고 그 교육 과정이 얼마나 체계적이었는지를 충분히 짐작할 수가 있다.

세상에 남긴 마지막 한마디
"완전한 순종"

수용소 내의 식량 사정은 점점 악화되어 갔다. 많은 사람들이 영양실조에 걸리거나, 부족한 끼니로 인해 기력을 상실하고 있었다. 그해 성탄절이 지나면서 조금도 쉬지 않고 일하던 에릭의 몸도 점점 쇠약해지기 시작했다. 병원에서는 과로와 영양실조에 독감이 겹쳤다는 진단을 내렸다. 눈이 잘 보이지 않았고, 무릎도 힘없이 접히는 증세를 보였다. 그런데도 에릭은 늘 하던 대로 성경을 읽으며 기도에 열중했다.

"푯대를 향하여 그리스도 예수 안에서 하나님이 위에서 부르신 부름의 상을 위하여 좇아가노라." 빌립보서 3장 14절

그는 자신의 뇌에 심각한 이상이 생긴 것 같다고 애니 바흔에게만 살며시 말해두었다. 하나님을 위해 평생을 쉬지 않고 달음질했던 에릭은 '머리가 뒤로 젖혀지기만 하면' 결코 지지 않았지만, 이제 그 머릿속의 이상으로 인해 자신이 마지막 골인 지점을 향해 달리고 있다는 것을 감지했던 것이다. 하지만 에릭은 여전히 미소 짓고 있었고, 온 힘을 다해 결승 테이프를 향해 달려가고 있었다.

에릭은 남을 위로하고 다른 사람의 짐을 대신 지며 사는 자신의 삶이 축복이라고 생각했다. 그러나 영양실조와 과로로 쇠약해진 에릭의 몸속에서는 뇌종양이 자라고 있었으며, 평생 남들을 치료하는 삶을 살았던 그였지만 이제는 자신이 치료를 받아야 할 처지였다.

점점 기운을 잃어가던 에릭은 1945년 1월 중순경 급기야 심한 독감과 후두염까지 걸리고 말았다. 무엇보다 고통스러웠던 것은 뇌의 염증으로 인한 심한 두통이었다. 그의 머리를 강타하는 심한 두통 때문에 에릭은 양쪽 눈을 붕대로 동여맨 채 안정을 취하고 있었다.

에릭이 아파서 누워 있다는 소식을 전해들은 애니 바흔은 기숙사 방으로 급히 달려왔다. 에릭을 보자마자 애니는 수용소 내부에 있는 병원 책임자인 의사에게 달려가 에릭을 입원시켜달라고 간청했다.

"보세요. 지금 에릭은 먹지도 못하고 잠도 못자고 있어요. 에릭을 죽게 내버려둘 건가요? 심한 두통으로 얼굴까지 붕대로 칭칭 동여매고 있다고요! 당장 입원시켜 주세요!"

에릭의 형 로버트와 함께 샤오창의 선교병원에서 일했던 애니는 샤오창에서 에릭의 도움을 받으며 방황하지 않고 믿음을 지켜왔기 때문에 그 누구보다 에릭의 고통이 마음 아팠다. 또 간호사로서 봤을 때도 에릭의 병이 심각하다는 것을 알 수 있었다.

"지금 여기에는 빈 병실이 없어요. 일부러 입원을 안 시키는 게 아닙니다. 와서 누워 있을 곳이 없어요. 그냥 방에서 안정을 취하시는 게 좋을 것 같습니다."

하지만 애니는 막무가내였다.

"안 돼요. 병실 복도라도 좋으니 이곳에 있게 해 주세요. 에릭을 입원시켜 달라고요. 지금 에릭은 전문 의료인의 도움이 너무도 절실합니다. 제발 에릭을 살려 주세요."

애니 바흔의 호소에 의사는 결국 에릭의 입원을 허락했다. 에릭이 병원으로 실려 가는 것을 본 주위 사람들은 그제서야 에릭의 상태가 심각하는 것을 알게 되었다. 그전까지 에릭에게 그의 건강 상태에 대해 물으면 늘 '별 거 아냐. 그저 두통으로 이따금씩 머리가 아플 따름이야. 곧 회복될 거야.'라고만 대답했었기 때문에 사람들은 그의 병세가 그리 대단치 않은 것으로만 생각해 왔던 것이다.

병원으로 옮겨진 후 에릭은 차츰 차도를 보이기 시작했으며, 며칠 지난 뒤부터는 병문안이 허락되었다. 하지만 이따금씩 환상에 사로잡힌 사람처럼 한참 동안 멍하니 하늘을 쳐다보기도 했다. 또 오른쪽 다리의 일부가 부분적으로 마비되어 있었기 때문에 걸을 때면 약간씩 절뚝거렸다. 게다가 숨 쉬는 것도 쉽지 않아서 몇 마디 말을 하고 나면 큰 숨을 들이켜야 했으며, 다시 숨을 고르기까지 긴 시간이 걸렸다.

그럼에도 불구하고 에릭은 항상 명랑함을 잃지 않았고, 그를 격려하기 위해 병실을 방문한 사람들에게 거꾸로 위로와 기쁨을 전해 주었다. 하루는 결혼식을 며칠 앞둔 젊은 남녀 한 쌍이 그에게 병문안을 왔다. 에릭은 젊은 커플의 결혼식을 진심으로 축하했을 뿐 아니라 자기의 결혼식 이야기를 들려주며 오히려 젊은 한 쌍을 진심으로 격려했다.

에릭을 담당하던 의사들은 에릭의 증상을 검토했다. 다리에 마비가 오고, 말이 어눌해지고, 극심한 두통과 현기증과 우울증이 있었다. 뇌종양의 가능성이 의심되었다. 그러나 뇌종양으로 진단한다고 해도 의료장비가 부족한 수용소 시설에서는 안정을 취하는 것 외에는 별다른 조치를 취할 수가 없었다.

결국 에릭은 이렇다 할 치료조차 받지 못한 채 그저 침대에 누워 안정을 취하기만 했다. 때때로 건강이 회복되는 듯 보였지만 잠시 후면 격심한 두통으로 완전히 녹초가 되곤 했다. 병문안을 온 사람들은 에릭이 앓고 있는 두통의 원인이 무엇인지를 궁금해 했는데, 그것에 관해 질문할 때마다 에릭은 한참을 더듬거리며 다음과 같이 대답했다.

"내가 그 질문에 대답하려면 우선 내 머릿속에 무슨 일이 일어나고 있는지를 알아야 해. 하지만 나는 요즘 이 극심한 두통보다 또 다른 이유 때문에 더 많이 괴로워. 그건 다름이 아니라 이 모든 고통을 주님께 다 던져버려야 할 텐데, 혹시나 이 두통이 나를 먼저 부숴버리지나 않을까 하는 염려야."

에릭은 극심한 두통에 시달리면서도 자신을 지키기 위해 노력했다. 하지만 이런 그의 의지와는 상관없이 몸은 점점 기력을 잃어가고 있었다.

며칠 뒤, 에릭이 입원해 있는 병원 건물 꼭대기 층에 살고 있던 한 동료 선교사가 에릭을 초대했다. 그때 에릭을 꼭대기 층까지 부축하던 간호사는 '마치 하늘의 별을 따러 올라가는 것 같았다.'고 당시의 어려움을 이야기했다. 에릭의 몸은 사실상 최악의 상태에 있었다. 간호사의 도움을 받아 꼭대기 층에 도착한 에릭은 동료 선교사 부부와 함께 케이크를 먹으며 즐거운 시간을 보내는 듯했다. 이런 에릭의 유쾌함에도 불구하고, 선교사 부부는 에릭의 모습에서 인생의 종말이 임했음을 느끼고 착잡한 마음을 감추지 못했다.

그 다음날은 수요일이었는데 매우 추웠고, 눈이 올 듯 말 듯 하늘이 잔뜩 찌푸려 있었다. 그날 아침, 에릭은 새벽 기도 시간을 마친 후 친구들과 대화를 나누며 아침 식사를 했다. 그리고 식사가 끝나자 바로 캐나다에 있는 아내 플로렌스에게 편지를 썼다.

「1945년 2월 21일. 너무 많은 책임을 감당했음. 경미한 신경쇠약증. 병원에 한 달 머문 뒤 좋아짐. 업무를 바꿔보라는 의사의 권유. 가르치는 일과 수업은 포기하고, 빵 굽는 일로 육체적 활동 대체할 것. 좋은 변화. 계속 연락주기 바람. 편히 지내고 있음. 위로와 소포 잘 받았음. 당신과 아이들에게 각별한 내 사랑을 전함. 에릭.」

일본군은 수용소 사람들에게 100자 이상의 편지를 허락하지 않았기 때문에 에릭의 편지는 마치 전보처럼 딱딱하게 중요한 내용들만 열거되었다. 편지를 쓸 종이도 구하기 힘들었기 때문에 받은 편지의 뒷장이나 여백을 이용해서 편지를 써야 했다. 그날 에릭이 쓴 편지는 수용소 내 서양인들과 가족들 간의 서신교환을 위해 특별히 마련된 국제적십자사의 통신망을 통해 그 후 몇 달이 지나서야 플로렌스에게 전해졌다.

그날 저녁 에릭은 톈진 연합교회의 주일학교에서 가르친 바 있는 한 여자의 방문을 받았다. 그녀는 역시 연합교회의 주일학교에서 그가 가르친 바 있던 플로렌스의 가까운 친구였다. 그날 저녁의 대화는 에릭에게 많은 감회와 함께 플로렌스에 대한 그리움을 더욱 사무치게 만들었다.

두 사람이 과거를 회상하며 한창 이야기를 나누고 있을 때, 에릭의 호흡이 갑자기 가빠졌다. 에릭은 옛 제자의 팔을 움켜쥐며 심한 고통으로 몸을 떨었다. 그녀가 잔뜩 겁에 질려 "잠깐만요, 제가 가서 의사를 불러 올게요."하고 말하자 에릭이 "아니야 잠시만, 곧 괜찮아 질 거야. 아직 몸이 다 회복되지 않아서 그래."하면서 그녀를 만류했다.

한 차례의 두통이 지나가고 30분가량 시간이 지난 뒤, 에릭은 그와 같은 병동에 입원해 있던 소녀를 방문하기 위해 다시 병실을 나섰다. 에릭이 들어서는 것을 보자 소녀는 "에릭 아저씨, 저를 만나러 오신 거예요?"하고 기뻐 소리쳤다. 에릭은 수용소에서 만난 어린 소녀들이 멀리 두고 온 자신의 딸들처럼 여겨져 언제나 아빠처럼 자상하게 그들을 대해 왔었다. 곧 즐거운 대화가 시작되었다. 그러나 이것이 그가 아이들과 가지는 마지막 즐거운 시간이었다.

반갑게 이야기를 나누는 도중 에릭에게 또 한 차례 두통이 엄습하기 시작했다. 그는 호흡곤란을 일으켰고 몸을 일으킬 수조차 없었다. 소녀는 병원 복도를 뛰어 내려가 "의사 선생님, 의사선생님, 아저씨가 많이 아파요. 머리를 감싸 쥐고 기침을 해요!"라고 울먹이며 소리쳤다.

간호사와 의사가 에릭을 데리고 가 침대에 다시 눕혔다. 하지만 이날의 고통은 여기서 멈추지 않았다. 모두가 떠난 뒤 에릭은 심한 발작과 함께 경련을 일으켰다. 이 소식을 들은 애니는 한 걸음에 달려와 에릭의 고통스러워하는 모습을 초조하게 지켜보며 의사들에게 찾아가 항의했다.

"그냥 계실 건가요? 뭔가 조치를 해주세요! 에릭이 죽어가고 있다고요!"

애니가 소리치자, 의사는 오히려 화를 내며 이렇게 대답했다.

"쓸데없는 소리 마십시오. 그런 일은 없습니다."

의사들이 돌아가고 남은 병실에서 에릭은 또 한 번의 고통과 마주해야 했다. 이번의 고통은 아까 것보다 훨씬 고통스럽고 아파보였다. 애니는 고통 속에 울부짖는 에릭의 어깨를 감싸 안고 흐느꼈다.

그런데 갑자기 에릭의 몸에서 힘이 빠져나가는 것을 느꼈다. 에릭은 아주 조그마한 소리로 애니의 귀에 대고 한 마디를 속삭였다.

"애니…… 완전한 순종……."

그러고는 이내 의식을 잃고 혼수상태로 빠져들었다. 애니는 소리치며 의사를 부르러 뛰어나갔고, 그들이 달려 왔을 때 이미 에릭은 힘겨운 마지막 숨을 내쉬고 있었다. '기쁨으로 평생 동안 하나님을 위해 달렸던 선수'가 드디어 영원의 결승 테이프를 끊은 것이다. 애니는 에릭의 손을 잡고 하나님의 은총을 빌었다. 눈에서는 눈물이 쏟아져 내리고 있었다.

애니는 하나님이 자신에게 주신 사명을 잘 알고 있었다. 에릭의 아내와 아이들은 캐나다에 있었고, 형과 누이는 멀리 스코틀랜드에 있었다. 중국군의 야만적인 싸움과 일본군의 만행, 그리고 참혹한 공산혁명을 다 겪은 그녀에게 하나님께서는 에릭을 도우라는 특별한 사명을 부여하여 이곳으로 부르신 것이었다.

에릭이 남긴 마지막 말 '완전한 순종complete surrender'은 무슨 뜻이었을까? 자신의 삶이 하나님 앞에 완전한 순종으로 일관한 삶이었음을 고백하는 말이었을까, 아니면 완전한 순종의 삶을 만족스럽게 다하지 못한 데 대한 안타까움의 표현이었을까, 아니면 다른 사람들을 향해 하나님 뜻대로 완전한 순종의 삶을 살라고 하는 최후의 메시지였을까? 물론 이에 대해 어떤 판단을 내리기는 어렵다. 하지만 에릭의 삶과 행동을 보면 그가 말하려 했던 '완전한 순종의 의미와 대상'이 무엇인가를 분명히 알 수 있다. 그의 삶은 오직 하나님의 말씀과 섭리에 대해 완전히 순종했던 삶, 그 자체였기 때문이다.

다음 날 에릭의 시신에 대한 검사가 이루어졌다. 검사 결과 사인은 뇌종양으로 밝혀졌다. 뇌의 왼쪽 부분에 난 종양으로 인해 에릭은 죽기 전 몇 주간이나 극심한 통증에 시달려 왔던 것이다. 그리고 그 왼쪽 뇌에서 일어난 대량 출혈이 그의 목숨을 빼앗아간 것이었다.

내 영혼아 늘 평안하여라

에 릭 의 사 망 소 식 이

수용소 사람들에게 알려지자 온 수용소는 며칠 동안 비탄과 당혹감
에 휩싸였다. 수용소 내에서 에릭의 죽음이 가져온 진동의 폭은 우
려하던 것 이상이었다. 특히 에릭을 아저씨라 부르며 따르던 아이들
에게 그 충격은 더욱 컸다. 어린 소녀였던 이자벨 헤론 부인은 그때
의 충격을 다음과 같이 전한다.

"저는 아직도 온 수용소를 뒤흔든 그때의 충격을 생생히 기억

할 수 있습니다. 에릭과 같은 사람이 죽을 수 있다는 것은 정말 믿기지 않는 일이었습니다. 저는 결코 그의 죽음을 받아들일 수가 없었습니다. 그는 언제나 우리들 곁에 있는 것처럼 느껴졌습니다."

늘 쾌활했던 에릭은 자신의 고통을 남에게 얘기하지 않았기 때문에 수용소 사람들은 에릭이 그토록 심각한 병을 앓고 있었는지 알수가 없었다. 그리고 그렇게 빨리 세상을 떠나게 되리라고는 아무도 짐작하지 못했다. 그렇기에 그의 죽음은 더욱 충격적이었다.

에릭이 숨을 거두고 나흘이 지난 1945년 2월 24일 토요일, 웨이신 수용소의 구내 교회에서 장례식이 거행되었다. 장례식에 참석했던 사람들은 그날을 유난히도 추웠던 날로 기억한다. 장례식이 거행된 교회는 과거 미국 장로교 선교회가 사용하던 곳이었는데, 약 350여 명이 수용 가능한 큰 규모의 교회였다.

하지만 이례적으로 많은 사람들이 몰려오는 바람에 그 중 상당수가 교회 밖에서 꽁꽁 언 손발을 비벼가며 장례식에 참석해야만 했다. 사업가들과 선교사들이 이처럼 한 자리에 참석하여 예배를 드린 것은 수용소가 생긴 이래 처음 있는 일이었다. 조문객 중에는 전혀 예상하지 못했던 사람들도 섞여 있었다. 그들은 에릭이 실천한 삶의 목표와는 정반대의 삶을 살았던 사람들이었지만, 에릭의 죽음을 진심으로 애도하기 위해 그 자리에 참석했던 것이다. 장례식이 거행되는 동안 많은 사람들의 눈에서는 하염없이 눈물이 흐르고 있었다.

장례식이 거행되기 직전 예배당 안에서는 찬송가 '내 주는 살아 계시고 I Know that my Redeemer liveth' 가 오르간으로 연주되었다. 교회 강단 앞에는 에릭의 동료 선교사들, 수용소 내 기숙사 동료들, 체푸 학교 학생들, 그리고 사업가들을 비롯한 많은 사람들이 마련해 온 추모의 꽃들로 가득했다. 그날 예배를 인도한 사람은 런던선교회 소속의 고참 선교사인 아놀드 브라이슨 목사 Rev. Arnold Bryson였다. 그는 이런 말로 참석자들의 마음을 위로하기 시작했다.

"에릭과 같은 훌륭한 사람을, 그것도 인생의 절정기에 있는 그를, 왜 우리에게서 앗아가시는지, 우리는 마음속에 의문을 갖게 됩니다. '왜 하나님은 우리들에게 절실히 필요한 사람을, 그것도 마흔세 살의 젊은 사람을 이 세상에서 데려가셨는가?' 라고 말입니다.

하지만 하나님은 절대 실수를 범하지 않는 분이십니다. 그분의 생각이 우리의 생각과 같을 수 없고, 그분의 경륜과 방식이 또한 우리의 그것과 같을 수 없습니다. 아마도 하나님의 사랑이 에릭을 좀더 일찍 성자의 자리에 앉혀 놓은 것은 아닐까 생각합니다. 에릭이 만약 2, 3년을 더 살았다면 그는 뇌 속의 통증과 출혈로 인해 몹시도 고통스러운 삶을 보냈어야 했을 것입니다. 이와 같은 하나님의 사랑을 생각할 때마다 우리는 그저 그분의 섭리에 머리를 숙일 뿐입니다."

브라이슨 목사의 설교가 끝난 뒤 기도와 찬송이 이어졌고, 주기도문이 낭독된 후 브라이슨 목사의 축도로 장례 예배가 끝났다. 장례 예배가 끝난 뒤 참석자들은 교회에서 그리 멀지 않은 묘지로 에릭의 시신이 담긴 관을 운구했다. 관은 여덟 명의 동료 선교사에 의해 장지까지 운반되었는데, 관의 행렬 뒤에는 많은 사람들이 두 사람씩 짝을 지어 따라갔다. 묘지에서의 예배는 런던선교회 바즈비 목사 Rev. C. E. Busby에 의해 인도되었다.

"오늘 저는 여러분께 에릭이 평소 가장 좋아하는 구절 중 하나였던 말씀을 함께 봉독할 것을 제안합니다. 이 말씀은 에릭이 생전에 많은 영감과 자극을 받아온 말씀이기도 합니다."

바즈비 목사의 제안에 따라 예수님의 산상수훈 중 팔복에 관한 구절을 모두 함께 봉독했다. 특히 '온유'는 나약함이 아니라 하나님의 뜻에 순종하는 것이라고 가르치던, 그가 무척이나 좋아하던 말이었다. 성경의 여러 구절이 낭독되고 마지막 기도를 올린 뒤, 드디어 하관식이 거행되었다. 이로써 에릭의 시신은 앞서간 선교사들과 나란히 안치되어 땅속에 묻혔다.

장례식이 거행 된 후 열흘 후인 3월 3일 금요일, 장례식이 열렸던 바로 그 교회에서 에릭의 추모 예배가 거행되었다. 그날 추모 예배를 인도한 사람은 에릭의 은사이자 영중기독교학교 시절 동료 교사였던 칼린 목사였다.

"저는 여러분께 에릭이 수년 동안 가장 사랑했던 찬송가를 함께 부르자고 제안하고 싶습니다. 그 곡의 제목은 '내 영혼아 평안하여라Be still, my soul' 입니다. 저는 10년 전 영중기독교학교 학생들을 위해 조그만 찬송집을 만들고 있었습니다. 그때 에릭이 저에게 다가오더니 찬송집 안에 꼭 이 곡을 넣어 줄 것을 부탁했었습니다. 그리고 세상을 떠나던 날 오후, 에릭은 종이쪽지에 뭔가를 써놓았습니다. 필체가 불분명하고 희미해 정확히 알 수는 없었지만 그 중에는 우리가 이제 부를 찬송가 가사가 들쑥날쑥 적혀 있었습니다. 자리에 앉으셔서 조용히 이 찬송가를 불러 주셨으면 합니다."

이리하여 참석자들은 함께 찬송을 부르기 시작했다.

내 영혼아 평안하여라.
권능의 주 너와 함께 계셔
눈물 근심 다 없게 하시니
내 영혼아 높이 찬양하라.
평화의 주 날 인도하시네.

찬양이 끝난 뒤 칼린 목사는 다시 이야기를 이어갔다.

"제가 에릭을 처음 알게 된 것은 지금으로부터 33년 전으로 거슬러 올라갑니다. 그때 저는 일트햄 컬리지의 교사였고, 에릭은 열살 된 어린 학생이었습니다. 그 후 에릭이 에든버러 대학을 졸업하고, 톈진의 영중기독교학교에 선교사로 부임한 이후, 지난 20년 동안 우리는 깊은 교제를 나누었습니다. 그의 가족이 캐나다로 떠난 뒤에는 한 아파트에서 생활하기도 했습니다. 그 기간 동안 우리는 거의 매일 이야기를 하고, 산책을 했습니다.

에릭은 자신의 평범한 능력과 자질을 놀랄 만한 수준으로 개발시켜 나간 가장 전형적인 타입의 사람이었으며, 때때로 성령님의 도우심으로 새로운 재능들을 얻어내는 듯 보였습니다. 사고와 판단, 그리고 언행에서 그는 문자 그대로 하나님의 인도를 받는 사람이었습니다. 이를 능가하는 사람을 저는 제 인생에서 본 적이 없고, 그와 비교될 만한 사람도 거의 만나보지 못했습니다.

그가 1925년 중국에 도착한 이래 저는 유심히 그의 영적 성장을 지켜보았습니다. 처음 새 생활에 적응하기까지는 그다지 주목할 만한 성장을 보여주지 못했습니다. 하지만 일단 시간이 경과하자 그는 눈에 띄게 성장해 나갔습니다. 이것은 그가 달릴 때도 마찬가지였습니다. 그는 항상 출발할 때 어려움을 가지고 있었지만 일단 출발선을 빠져나와 달리기 시작하면 앞서가던 모든 주자들을 추월했고, 결승점을 1등으로 통과했습니다.

에릭은 확고한 의지와 집중력 외에도 철저한 양심과 정확함을 가진 사람이었습니다. 이것은 그가 행한 모든 일에서 뚜렷이 알 수 있으며, 그의 삶의 신비를 해명하는 열쇠가 되기도 합니다. 여러분은 왜, 어떻게 에릭이 이런 품성들을 계발시켜 나갔을까 궁금하지 않으십니까? 저는 이 질문에 대해 가장 핵심적인 첫 번째 대답이 무엇인지 알고 있습니다. 그것은 바로 하나님의 섭리에 대한 '완전한 순종'에 있습니다.

하나님은 확실히 그의 삶을 매순간 철저히 인도하셨습니다. 물론 그에게도 게으름과 타협 따위의 수많은 유혹이 있었을 것입니다. 하지만 그는 끊임없는 기도와 묵상, 그리고 매일 새벽 빠짐없는 기도를 통해 하나님의 뜻과 계획을 철저하게 알아냈으며, 또한 그것을 철저히 실행함으로써 모든 유혹들을 물리쳤던 것입니다."

거룩한 산제사로 자신을 드린 성자

에 릭 이 세 상 을 떠 난 지

몇 달 뒤인 1945년 5월 2일, 플로렌스의 집에는 이른 아침부터 친구
가 찾아왔다. 플로렌스가 세 딸과 함께 머물고 있던 토론토의 집에
사망 소식을 전하기 위해 두 명의 친구가 함께 찾아온 것이다. 그때
의 정황을 플로렌스는 다음과 같이 생생히 묘사했다.

"저희 집을 방문한 두 친구를 안으로 불러들여 자리를 권하자
친구들은 멈칫멈칫 하더니 저희 어머님을 우선 뵙고 싶다는 것이었

습니다. 그들의 표정에서 뭔가 불길한 예감을 느낀 저는, 제 두 오빠 중에 한 사람에게 무슨 일이 일어났다고 혼자 짐작했습니다.

'제 오빠에게 무슨 일이 일어났나요?' 저는 그때까지만 해도 에릭에게 무슨 일이 생겼을 거라고는 꿈에서조차 상상하지 않았었기 때문에 그의 안부를 염려하고 있지 않았습니다. 사실 저는 그이가 아픈 줄도 모르고 있었습니다. 국제적십자사를 통해 보내오는 편지 속에서도 그는 아이들과 제 안부를 물었을 뿐, 자신에 대해서는 잘 지내고 있다는 말 외에 별다른 말을 하지 않았습니다.

물론 일본군의 서신검열 때문에 수용소 내의 어렵고 비참한 상황에 대해서는 쓸 수조차 없었던 것도 사실이었습니다. 에릭이 죽은 후 몇 달 가량 지나서 받은 한 편지에서 저는 비로소 에릭이 병원에 있었고, 너무 많은 일들을 감당하고 있었다는 것을 알게 되었습니다. 하지만 그이가 세상을 떠났을 것이라고는 정말이지 생각해보지도 못한 일이었습니다."

플로렌스에게 있어 에릭의 사망 소식은 받아들이기 어려운, 믿기지 않는 일이었다. 언제나 모든 일을 지혜롭게 해결하는 에릭이 갑작스럽게 병에 걸려 죽음을 맞이했다는 것은 모두가 꾸며낸 이야기처럼 들렸다. 하지만 이것은 사실이었고 그녀 역시 받아들여야만 했다.

"에릭의 사망 소식을 들었을 때 저는 하늘이 무너져 내려 삶에 대한 소망을 잃어버렸습니다. 당장이라도 다리에서 뛰어내리고 싶은 심정이었죠. 그런데 순간 에릭의 얼굴이 갑자기 떠오르더니 저에게 이렇게 말을 거는 것이었습니다. '플로렌스, 다리에서 뛰어내리면 도대체 어떻게 하겠다는 거요? 그럼 내가 당신에게 맡긴 세 명의 아이들은 어떻게 한단 말이오?' 에릭은 마치 제 곁에서 살아 있는 듯이 이야기했습니다. 그래서 저는 제 마음을 조금 진정시킬 수 있었습니다."

공교롭게도 플로렌스는 에릭의 사망 소식을 접하기 약 한 달 전쯤 아주 이상한 경험을 했다고 한다. 왠지 뒤를 돌아보면 에릭이 서 있을 것만 같은 느낌이 들어 온몸이 전율했고, 자꾸만 에릭의 환상을 보았다는 것이다. 환상 속에서 에릭은 "오케이 플로 씨,_{에릭이 플로렌스를 놀릴 때 사용하던 애칭} 모든 것이 잘 될 거야."라고 얼굴에 미소를 가득 머금은 채 이야기를 하고 있었다. 어쩌면 이때 만난 환상 속의 에릭이 너무나 평온해 보였기 때문에 플로렌스는 그의 죽음을 조금 더 쉽게 받아들일 수 있었는지 모른다. 에릭의 사망 소식을 듣고 나서 몇 주 동안 에릭의 환상은 다시 플로렌스를 찾아왔고, 플로렌스는 환상을 볼 때마다 어떤 식으로든 하나님께서 에릭를 자신에게 다시 보내 주실 거라고 믿었다는 것이다.

죽음 이후에도 평안과 안녕을 전해 준 에릭의 환상은 진정한 사랑의 기적이 무엇인지를 우리에게 가르쳐 준다. 플로렌스가 에릭의 죽음을 받아들이고, 그 고통을 보다 빨리 이겨낼 수 있었던 중요한 이유 중에 하나는 에릭이 철저하게 하나님 안에서 살아 왔음을 알고 있었기 때문이다.

"저는 매사에 하나님을 들먹이며 신앙심이 있는 체하는 사람을 싫어합니다. 그런 사람이 이야기를 하면 오히려 반대 방향으로 가고 싶은 반항 심리밖에 들지 않습니다. 그런데 에릭은 결코 그런 류의 사람이 아니었습니다. 그는 하늘나라를 생활 속에서 실현하는 사람이었습니다. 경건함과 온유함을 가지고, 아량과 인내와 유머를 잃지 않는 맑은 웃음을 가진 사람, 에릭은 바로 그런 사람이었습니다.

에릭은 농담을 할 때 결코 자신이 웃는 법이 없었는데, 어떤 때는 그가 장난을 치는 것인지 아닌지 분간하지 못할 경우도 있었습니다. 저는 그럴 때 그의 눈을 조심스럽게 쳐다봐야 한다는 것을 깨달았습니다. 유심히 그의 눈을 쳐다보면 그의 마음을 읽을 수 있었습니다.

또한 에릭은 기도의 능력을 철저히 믿었던 사람입니다. 매일 새벽 한 번도 빠짐없이 조용히 기도와 성경공부에 몰두했습니다. 저도 한번 따라해 보려고 노력했지만 그의 뒤꽁무니도 쫓아갈 수 없었습니다. 제가 생각하건데 에릭의 삶의 비밀은 바로 그 새벽 시간에 이루어진 것 같았습니다. 그 시간을 통해 에릭은 하루의 모든 계획을 철저하게 세워 나갔습니다."

평생의 삶을 철저하게 하나님 안에서 계획하고 그분의 섭리에 따라 살아온 에릭은 자신의 삶을 산제사로 드린 믿음의 사람이었다.

에릭의 사망 소식이 그의 조국인 스코틀랜드에 전해졌을 때, 커다란 슬픔의 물결이 스코틀랜드를 휩쓸었다. 스코틀랜드의 모든 일간지를 비롯해 교회와 축구 경기장, 그리고 극장의 게시판에 온통 에릭의 죽음을 애도하는 글들이 메워졌으며, 스코틀랜드의 아들을 잃었다며 함께 슬퍼했다.

당시 언론에는 이런 기사가 실렸다.

「에릭은 가장 유명하고, 또한 가장 존경받던 스포츠 선수 중에 한 사람이었으며, 그의 철저한 신앙과 삶을 통해 그는 어느 곳에 있든지 모든 이들의 추앙을 받았다. 아마도 그는 우리가 이제까지 알았던 가장 훌륭하고 모범적인 크리스천 스포츠맨일 것이다.」

에릭의 사망 소식이 알려지자 스코틀랜드의 여러 교회에서는 추모 예배가 거행되었고, 한편에서는 '에릭 리들 추모 기금'이 설립되었다. 이 기금의 가장 큰 목적은 에릭의 세 딸에 대한 교육비를 마련하자는 것이었으며, 에릭 리들을 기념해 매년 그 해 스코틀랜드 최우수 아마추어 육상 선수에게 트로피를 수여하기 위한 것이었다.

추모기금준비위원회에는 스코틀랜드의 거의 모든 명사들이 총망라되어 있었는데, 기금 조성을 위한 여러 스포츠 행사와 각종 연설과 모임들이 전국에서 개최되었다. 또한 데이비드 톰슨은 그 일환으로 에릭 리들의 생애를 요약한 소책자를 발간했는데, 이 책자는 출판되자마자 수만 부가 팔려 나갔다.

에릭의 일생을 담은 소책자는 다시 1970년 《스코틀랜드에서 가장 훌륭한 스포츠맨 에릭 리들의 이야기 Scotland's Greatest Athlete The Eric Liddell Story》라는 제목으로 출판되었다. 이때 발간된 책은 에릭의 전 일생을 자세히 기록한 한 권의 전기였다. 또 1987년 가을에는 미국에서도 에릭의 전기가 출판되었다. 그 외에도 에릭의 생애를 다룬 몇 권의 소설과 수필이 발간되었으며, 스코틀랜드에서는 '에릭 리들 기념 우표'가 발행되기도 했다.

이와 같이 전 세계 수많은 사람들이 긴 시간 동안 에릭을 기억하고, 그의 삶을 기념하려고 한 것은 화려한 올림픽 금메달리스트로서가 아닌, 에릭이 보여준 삶의 태도에 대한 진지한 존경심 때문일 것이다. '주일에는 뛰지 않는 사람'으로 기억되는 결단과 용기, 그리고 자신이 말하고 약속한 것을 철저하게 행동으로 지켜낸 에릭의 위대한 삶에 대한 기념이었다.

영화 〈불의 전차〉로 다시 태어난
에릭 리들

에 릭 에 관 한 여 러 가 지 일 중 에 서

가장 우리의 시선을 끄는 것은 1981년 영국의 영화 제작자 데이비
드 퍼트남^{David Puttnam}에 의해 제작된 아카데미 최우수 영화상에 빛
나는 명작 〈불의 전차〉다. 그 영화로 인해 에릭 리들의 신화는 전 세
계적으로 알려졌으며, 에릭 리들의 주일 성수 문제가 미국 시사주간
지 〈타임^{TIME}〉에서 다뤄질 만큼 사회적 이슈로 부각되기도 했다.

'아카데미상을 받은 영화는 흥행에는 성공하지 못한다' 는 징
크스를 깨고, 이 영화는 미국과 영국을 비롯한 전 세계 거의 모든 나

라의 극장에서 폭발적인 인기를 얻으며 상영되었다. 특히 미국과 영국에서는 많은 청소년들이 서너 번씩 이 영화를 보기도 했는데, 놀랍게도 당시 영국과 포클랜드 전쟁을 치르던 아르헨티나에도 이 영화가 수입되어 극장가를 휩쓸었다.

이 영화를 만든 데이비드 퍼트남은 〈불의 전차〉를 제작하기 전에 이미 세계적인 영화 제작자로 성공해 있었다. 하지만 염세적인 영화를 만들어 왔던 그는 꿈과 목표를 이루었음에도 불구하고 늘 채워지지 않는 허전함을 느껴왔다고 한다. 그러던 1977년 어느 날, 몸이 좋지 않아 로스앤젤레스의 자택에 누워 빌 헨리Bill Henry가 쓴 올림픽 야화에 관한 책을 읽고 있었다.

책을 넘기던 중 그는 1924년 파리 올림픽에 관한 대목에 이르러 에릭 리들에 관한 흥미진진한 이야기를 읽고 눈이 번쩍 뜨였다. 항상 영화의 소재를 찾기 위해 애쓰던 퍼트남은 에릭 리들의 이야기에서 번뜩이는 영감을 얻었다고 한다. 그리고 '늘 이런 종류의 책들을 읽어왔는데 왜 그때까지 에릭에 대해 알지 못했는지 모르겠다.'며 의아해 했다. 그가 1924년 파리 올림픽의 이야기들을 읽어나가면서 흥미를 갖게 된 또 한 사람은 에릭으로 인해 그 대회 100미터 경기에서 금메달을 획득했던 헤롤드 에이브라함즈였다. 퍼트남은 에릭과 헤롤드를 영화의 주인공을 내세워 1924년 파리 올림픽의 일화를 그려낼 영화를 제작하기로 결정하고 에릭과 헤롤드에 관해 연구하기 시작했다.

당시 영화의 시나리오를 맡았던 콜린 웰런드Colin Welland는 구체적인 시나리오를 쓰기 전 존 케디John Keddie라는 중년의 스코틀랜드 목사를 통해 많은 정보를 얻었다고 하는데, 사실 존 케디 역시 에릭의 전기를 통해 새로운 삶을 살게 된 사람이었다. 존 케디는 과거 1960년대 스코틀랜드 학생 선수권 대회의 우승자이기도 한 장래가 촉망되는 육상 선수였다. 그의 나이 열아홉 살 때 미국에서 열린 한 육상선수권대회에 참가하기 위해 미국에 머무는 동안, 우연히 그의 형으로부터 데이비드 톰슨이 쓴 에릭 리들의 생애에 관한 소책자를 선물받게 되었다. 그리고 그 책은 존 케디에게 엄청난 충격을 가져다주었다.

결국 존 케디는 주일에 개최되는 모든 육상 경기에 참가하지 않았음은 물론 에릭의 뒤를 따라 목회자의 길을 걷게 되었다. 존 케디 목사를 통해 에릭의 삶을 알게 된 시나리오 작가 콜린은 영화의 극적 장면을 위해 사실과는 조금 다른 이야기를 영화 속에 첨가하게 된다. 그것은 에릭이 주일 경기에 참가하지 않는 과정에서 좀 더 극적인 고민과 결단을 내리게 하는 것이었다. 시나리오를 다 완성한 콜린은 자신이 임의로 만들어 낸 영화 이야기를 검증받기 위해 에릭의 동생 제니를 찾았다. 제니는 콜린이 가져온 시나리오를 모두 읽고 이런 이야기를 했다고 한다.

"저나 우리 모든 가족들은 에릭이 하는 일을 반대하지 않았어요. 늘 기쁜 마음으로 적극 지지했죠. 지금 쓰신 시나리오에서처럼 그에게 이래라 저래라 하는 식의 충고는 해본 적이 없어요. 아니 그런 엄두조차 내본 적이 없습니다."

사실과는 조금 달랐지만 영화적인 재미를 위해 시나리오는 갈등과 고민의 흔적들을 넣는 것으로 결론이 내려졌고 드디어 영화 제작에 들어가게 되었다. 제작자 퍼트남의 동료들은 이구동성으로 종교 영화가 어떻게 흥행에 성공하겠느냐며 우려를 표했고, 에릭 리들이 주일이라 뛰지 않겠다고 말하는 영화의 극적인 부분이 오히려 우스꽝스럽기까지 하다며 영화 제작을 중단하라고 충고했다. 하지만 퍼트남은 현대인들이 에릭과 같은 영웅을 갈구하고 있다고 확신했다. 영화가 완성된 뒤 한 기자와의 인터뷰에서 퍼트남은 이런 말을 했다.

"우리의 삶에 신앙과 같은 영적인 추구가 없다면 인생은 참으로 무의미한 것이 될 것입니다. 지금으로부터 4년 전만 해도 나는 내가 이런 말을 하리라고는 상상도 하지 못했습니다. 하지만 이제 하나님을 믿으며, 〈불의 전차〉를 제작하는 동안 그 믿음은 더욱 커졌습니다. 저는 에릭 리들을 통해 하나님의 존재를 확신했습니다."

퍼트남은 캐스팅에서도 어려움을 겪었다. 에릭의 역할에 대해 이미 잘 알려진 배우를 캐스팅할 수도 있었지만 왠지 내키지가 않았다. 그러던 중 무명이었던 배우 이안 찰슨을 보았을 때 자신이 찾던 사람임을 알 수 있었다. 공교롭게도 이안 역시 스코틀랜드 사람이었으며, 에릭이 졸업한 에든버러 대학을 졸업했던 것이다. 이안은 영화 촬영이 모두 끝난 뒤 이런 인터뷰를 했다.

"영화를 촬영하면서 저의 고민 중 하나는 어떻게 신실한 크리스천의 역할을 소화해낼까 하는 것이었습니다. 저는 에릭이 매사에 경건하며 신실한 체하는 신앙인이라고 생각했었습니다. 하지만 그에 대해 알아가면서 에릭이 결코 그런 사람이 아니었음을 알게 되었습니다. 에릭이 철저하게 하나님께 순종한 사람이면서 또한 매우 흥미로운 사람이라는 것도 알게 되었습니다. 저는 철저한 믿음을 가지면서도 남에게 강요하지 않고, 조용히 주변의 일을 해결해 나간 그를 떠올리며 촬영해 나갔는데 놀랍게도 영화를 촬영하면서 저의 성격도 변해갔습니다. 에릭 리들 같은 사람에게서 뭔가를 배우는 것은 지극히 당연한 일입니다. 저 역시 많은 것을 배웠습니다. 하지만 제 자신이 에릭 리들처럼 살 수 있을 지에 대해서는 매우 회의적입니다."

영화가 완성된 후 제작사인 20세기 폭스 사社에서는 영국 여왕을 비롯해 명사들과 제니, 그리고 캐나다에 있는 에릭의 자녀들을 초대해 런던에서 시사회를 가졌다. 이 영화 시사회에 참석했던 막내딸 마린은 영화를 보고 나서 이런 이야기를 했다.

"저는 영화를 보고 나서야 처음으로 아버지를 가깝게 느꼈습니다. 이제까지는 아버지에 대한 기억이 전혀 없어서 아무 감정이 없었으며, 그로 인해 제 인생의 한 부분은 늘 허전했습니다. 그런데 영화를 통해 그 공허함이 채워졌습니다. 제 평생 결코 잊을 수 없는 순간이었습니다."

영화는 성공적이었으며 그해 아카데미상을 휩쓸며 극장가를 평정했다. 그리고 전 세계인들이 에릭의 삶을 알게 되었고, 스스로의 인생을 일깨웠다.

영화가 상영된 이후 제니의 집에는 매일 같이 편지가 산더미처럼 쌓였다. 그 중에는 에릭에 대해 자세히 묻는 편지도 있었고, 영화를 보고 교회를 찾았다는 간증도 있었다. 제니는 이런 편지들에 일일이 답장을 보내느라 영화가 상영된 뒤 6개월 동안은 밥 먹을 시간조차 없었다고 한다.

"에릭 리들은 한 시대의 영웅이었는가, 아니면 성인聖人이었는가?"

나는 에릭을 알고 있던 많은 사람들을 인터뷰하며 똑같은 질문을 던졌다.

"저는 에릭이 성인이었음을 지금도 굳게 믿습니다."

에릭의 여동생인 제니는 이렇게 대답했지만, 대다수의 사람들은 당혹스런 표정을 지어보였다. 그 중 니얼 캠벌 교수는 이런 답변을 했다.

"저는 성자聖者라는 것은 다음과 같은 세 가지 요건을 갖춰야 한다고 생각합니다. 첫째, 성자는 어떤 경우에도 굴하지 않는 믿음이 있어야 합니다. 이 조건에 대해 에릭은 대단히 만족스런 사람이었습니다. 둘째, 성자는 그의 믿음에 따르는 거룩한 삶을 살아야 하며, 만약의 경우 순교할 각오가 되어 있어야 합니다. 우리들 중 그 누구도 에릭이 그 믿음에 따라 철저히 살았음을 의심하지 않습니다. 셋째, 성자의 삶 중에는 소위 기적이나 안수 치료와 같은 신비스러운 요인이 있어야 합니다. 이 부분에서 저는 조금 망설이게 됩니다. 에릭은 너무도 인간적인 사람이었습니다. 물론 그의 삶에는 신비로운 기적들도 있었지만, 에릭은 스스로 기적과 같은 신비스러운 것들을 중요하게 생각하지 않았습니다. 그는 우리 주위에서 너무나 인간답게 살다 갔습니다."

1985년 8월, 웨이신 수용소의 생존자들은 함께 모여 중국으로 향했다. 자신들에게 큰 감명을 주었던 에릭의 묘지를 방문하기 위해 웨이신 수용소를 찾아간 것이다. 그런데 안타깝게도 에릭의 묘는 흔적도 없이 사라졌고, 그 위에는 포장된 도로가 깔려 있었다. 이들은 에릭의 삶에 대한 존경과 경이로움만을 가슴 깊은 곳에 간직한 채 돌아왔다.

"운동장에서 달음질하는 자들이 다 달아날찌라도 오직 상 얻는 자는 하나인 줄을 너희가 알지 못하느냐. 너희도 얻도록 이와 같이 달음질하라. 이기기를 다투는 자마다 모든 일에 절제하나니 저희는 썩을 면류관을 얻고자 하되 우리는 썩지 아니할 것을 얻고자 하노라. 그러므로 내가 달음질하기를 향방 없는 것 같이 아니하고 싸우기를 허공을 치는 것 같이 아니하여 내가 내 몸을 쳐 복종하게 함은 내가 남에게 전파한 후에 자기가 도리어 버림이 될까 두려워함이로라."고 린도전서 9장 24절 ~ 27절

에릭 리들은 하나님의 강력하고 온유한 군사였다. 그는 모든 일에 앞서 자신의 명예나 이익보다는 하나님의 뜻과 섭리를 먼저 생각했으며, 트랙에서나 인생에서나 오직 하나님의 영광만을 위해 온 힘을 다해 달음질한 참된 경주자였다. 200미터를 내 힘으로 최선을 다해 달리면 나머지 200미터는 하나님께서 도우셔서 더 빨리 달릴 수 있을 거라고 믿는 것, 그래서 나중에 달려야 할 200미터에 대한 걱정 없이 내가 달려야 할 200미터에만 전력을 다 쏟을 수 있는 것, 이게 바로 진정한 순종이 아닐까. 그는 하나님께 설명을 요구하거나 질문을 던지지 않았다. 오로지 겸손히 엎드렸으며, 말씀대로 실천하기 위해 헌신했을 뿐이다.

그가 완전한 순종을 부르짖으며 평생 동안 지켜온 삶의 원칙들을 우리도 지켜 나갈 것을 결심하고 철저하게 하나님 앞에 순종한다면, 그리고 머리를 뒤로 한껏 젖힌 채 인생의 트랙을 힘차게 달려 나

간다면, 그래서 우리 모두 온유한 성품을 지닌 하나님의 즐거운 경주자가 된다면, 마침내 결승 테이프를 끊고 환희의 찬가를 부르며 결코 썩지 않을 영광의 면류관을 얻게 될 것이다.

불의 전차 에릭 리들의 완전한 순종

초판 1쇄 펴낸 날 2016년 6월 25일

글쓴이 박광희
펴낸이 박종태
펴낸곳 비전북
등록 2011년 2월 22일 제396-2011-000038호

마케팅 강한덕, 임우섭
관리 정문구, 맹정애, 강지선, 정광석
주소 경기도 고양시 일산서구 송산로 499-10(덕이동)
전화 031-907-0696
팩스 031-905-3927
이메일 visionbook@hanmail.net

공급처 (주)비전북
전화 031-907-3927
팩스 031-905-3927

ISBN 978-11-86387-21-4 03230